この世に命を授かりもうして

酒井雄哉

GENTOSHA
幻冬舎

比叡山延暦寺《ひえいざんえんりゃくじ》に伝わる天台宗独特の荒行「千日回峰行《せんにちかいほうぎょう》」。地球一周に相当する約四万キロを七年かけて歩くこの難行を生涯に二回満行し、「現代の生き仏」と讃《たた》えられた仏行者、酒井雄哉大阿闍梨《ゆうさいだいあじゃり》が、二〇一三年九月二十三日に他界されました。

九月二十七日に営まれた比叡山一山葬で喪主を務めた酒井大阿闍梨の弟子、藤波源信師は、出棺前の挨拶で、「お亡くなりになった日に、庭に出ると季節はずれの多数の白いチョウチョが飛んでいた。飛ぶように山を歩いた酒井大阿闍梨の姿に思えた」と偲《しの》びました。

本書は、九月上旬、比叡山延暦寺一山長寿院にて二度にわたって行われた酒井大阿闍梨の最後のインタビューをまとめたものです。大病を患われて静養中にもかかわらず、酒井師は終始穏やかな口調で、にこやかにかつ淡々と、「命」とは何か、「生きる」とは何かを語られました。自らの余命と向き合っていた酒井師の言葉には、まごうことなき言霊《ことだま》が宿っていました。その魂のメッセージを、今日一日を精いっぱい生きるための糧として、深く噛《か》みしめていただきたいと思います。

謹んで酒井師のご冥福《めいふく》をお祈りいたします。合掌わし、この本ができるころにはもう生きておらんのやないかなあ？

坊さんのくせにな、
年がら年中、人には「感謝しなさい、感謝しなさい」と言うときながらな、
当の自分自身が、
毎日当たり前に行動していることに感謝する気持ちがたりなかったんだな。
こんなになって初めて、
自分が人生を不始末にしていたことに気づいた。
感謝を忘れて、すべてが当たり前だなんて思っていると、
自分に反動が返ってくるんだよ。

今日もこうして生かしてもろてることをありがたいと思わんとな。

余命宣告ってあるやろ、医者の先生の。
わし、先生の言う余命をもう過ぎとるらしい。
だから、今日こうしておられるのも儲《もう》けもんだ。
こうして声が出せること、笑っておられること、ほんと儲けもんだと思うよ。

医学のことはようわからんけどなあ、
ガンがからだに棲《す》みついちゃっているんだから、しょうがないよ、これ。
まあ、ガンじゃなくたって人間死ぬしな。
たまたまその道がガンだっただけ、
思っていたよりちょっと早くそのときが来た、くらいのもんだよ。
「ガンさん、死ぬときは一緒に死にましょう」ということだな。怖くはないよ。

——九月上旬、長寿院にて

この世に命を授かりもうして

目次

十、この世に命を授かりもうして

命の長さよりもどう生きたかが大事
命は預かりもの
「この世に何しに来たの？」
「いま」をきれいに、誠実に生きる
自信が生きる力を支える
生きていることを楽しみなさい！

本インタビューは、二〇一三年九月上旬、酒井雄哉大阿闍梨の自坊にて、二回にわたって行ったものです。病気療養中の酒井大阿闍梨のご体調を鑑《かんが》み、師の出版物の秘書業務をつかさどっている鷹梁《たかはし》恵一さんにも同席していただきました。

一、ガンを知る、おのれの不始末を知る

米寿を迎えて思うこと

――今日はお誕生日ですね。おめでとうございます。米寿をお迎えになられたとか。

酒井　うん、いまの人はみんな満年齢を言うから、それだと満八十七歳。わしなんかは歳は数えで言うからな。

――ちょっとご体調を崩されて入院なさって、昨日このお坊に戻られたと伺っています。お加減がよろしくないようでしたら、どうぞおっしゃってください。いつでも中断いたしますから。

酒井　病院より、ここにいたほうが調子がいいんだよ。ふだんからあっちに行ったりこっちに行ったり出かけていることも多いんだけど、ここにはいろんな人が訪ねて来てくれるでしょ。会うのが楽しいんだ。

病院にも来てくれた人がね、「阿闍梨さん、飯室《いむろ》に来てここの玄関が閉まっていると寂しいです」って言っていたんだ。ここが開いていると、「もしかしたら阿闍梨さん、いるかもしれない」と思って、手伝いをしている人に声をかけるんだね。「『いまなら大丈夫でしょう』と言ってもらってお会いできたときは、本当にうれしいんですよ」と言ってくれてね。そうか、なるべくおるようにしなきゃなあ、なんて思っているの。

――　今日は京都の市中はまだ残暑が厳しかったんですが、こちらに来たらすごく涼やかな風を感じて、なんて気持ちいいんだろうと思いました。

酒井　そうだよね。ここにいると、自分も自然の中に生きているんだなあということを感じるよ。

昼の間はいろいろ仕事があるからここに何人かいるんだけど、夜はわし一人になる。手術して退院してから、みんな心配して「誰か交代でおるようにしましょうか」なんて言うんだけど、「そんなん煩わしくてかなわんから、一人にさせてくれ」って言ってる。

「朝来て、わしがそのへんで倒れたまま息がなくなっていても、それはそれで寿命だからいいいんだよ」って。そのまま、ほかしてもらえばいい。そうしたら、本当にここの自然の一部になるからね。

うちのお師匠さんは「行き道は　いずこの里の　土《ど》まんじゅう」という言葉を残してくれたけど、「飯室の谷の土まんじゅう」や(笑)。いまはそれが本望だな。

病気が命のありがたみを気づかせてくれた

――鷹梁《たかはし》さんを通じて、「『死』を見据えた『生』の話」というテーマで、先生ご自身の死生観を語っていただきたいというお願いをしておりました。

酒井　うん。いまは、そういう話をするのにちょうどいいんじゃないかと思った。自分がガンという大きな病気を経験して、あらためて気づかされたことがある。それは、命はありがたいもの、感謝を忘れてはならないものなんだ、ということ。

やっぱり、本人がその立場にならないと、心《しん》からはわからないんじゃないの。そう思ったね。

――ご病気のことをいろいろ伺うことになりますが……。

酒井　話しますよ、なんでも。ただ、何月何日にどうしたというようなことはあんまり覚えていないから、そういうところは鷹梁さんに聞いてもらったほうがいいな。もうかれこれ十年以上、出版とか講演に関することを取り仕切ってくれているから、いつどうしたみたいなことは、わしより詳しいよ。

病院のことも鷹梁さんに任せていたの。入院するのだって、この人が勝手にどんどん手続きしてきちゃったんだから（笑）。

鷹梁 先生、それはちょっと誤解が生じますから勘弁してください。周りのみんなが心配して「阿闍梨さん、病院で診てもらってください」と言っても、先生が行ってくださらないから、怒られるのを覚悟して僕が動いたんです。

ガンの兆し

――これまで、大きなご病気をされたことはおありでしたか。

酒井 なかった。子どものときからの蓄膿症《ちくのうしょう》があって、五年くらい前にその手術をしてもらったんだけど、そのときに初めて一週間ほど入院したぐらいだな。

――周りのみんなが心配してということは、症状が外から見てかなりはっきり出ていたということですか。

酒井 ほっぺたが腫《は》れちゃったの。左側のね。それから顎《あご》のほうまでだんだん腫れてきちゃった。

最初は、簡単に考えていた。これは歯がおかしいせいだな、と思っていたんだよ。

行をやっていると、山中を歩くときに歯をくいしばるものだから、力がかかって歯がだんだん削れてきたり、抜けてしまったりしてね、それで入れ歯になっていた。

ところが一年半くらい前から、どうも入れ歯がうまくいかなくなってきて……。左下の奥のところに穴ぼこが空いてきたの。抜け落ちちゃった歯のところだろうと思って、気にも留めていなかったんだ。

いま考えると、その穴ぼこが空きはじめたのが、ガンの「兆し」だったんだなあ。本人はまったく気がつかなかった。そのころはものすごく元気だったから、全然自覚がなかった。

——痛みがあったのではありませんか。

酒井　穴ぼこが空いているから、ものを食べると、どうもよくはないわな。ちょっと変だなというのがあっても、人から「我慢強いですね」なんて言われるじゃない。自分は我慢強いんだから、これくらいのことで痛いなんて言えるか、って思っているところがある。

だけどそれは、からだが出しているサインを無視しちゃっているということだ。だから、元気すぎるのも、我慢強いのも、善《よ》し悪《あ》しだな（笑）。

病気を甘く見すぎていた

酒井　去年（二〇一二年）の夏、八月ごろかな、行をやっていたころから面倒を見てくれている大阪の歯医者さんの先生がレントゲンを撮って見てくれたら、「これはたいへんだ」と。家族が歯科で、旦那さんが整形か耳鼻科のクリニックを経営しているお医者さんなんだけど、すぐに飛んできてくれた。

歯が抜けて穴ぼこが空いているんじゃなくて、歯を支える土台の骨が溶けて穴が空いているんだと言う。歯の治療だったら自分のところでいくらでもできるけれど、これはどうもおかしい、そういう問題じゃない、と言うんだよね。それで、「大きい病院できちんと検査を受けてください。これこれの病院の先生に話をしておきますから、すぐ診てもらってください」って言って、大阪の病院を紹介してくれたんだ。

ところが、それを無視しちゃった。

元来、医者なんて好きじゃないからね。「こんなに元気なんだから、そんな大げさなことする必要ない」って言って、行かなかったんだ。そんな話は脇に置いて、自分の好きなことを毎日やっていた。病気のことを甘く見ていたんだよ。

そのうちにもっと腫れてきて、周りのみんなが「阿闍梨さん、早く病院に行かれたほうがいいですよ」なんて言ってくれたんだけど、うるさいなあ、って思っていたの。お寺の仕事もいろいろあるし、そのうちなんとか治まるんじゃないのっていう気持ちもあったから、ついつい時期を逃しちゃっていたんだね。
十一月ごろかな、鷹梁さんが「東京のこういう病院にこういう先生がいるから、診てもらいましょう」と言ってきたんだけど、それにもウンと言わなかったら、「先生がその気にならなくても、僕が引っ張って連れて行きます」って、自分で手続きしてきちゃったんだ。

鷹梁　とにかく心配だったので、知り合いの看護師さんと医師に相談したんです。私がコンパクトカメラで頬の腫れの様子を撮って、それを東京に持って帰り医師に相談にいって見てもらったら、「こういう状態だったら、自分よりもこの先生がいい。すぐに連絡を取ってあげるから行きなさい」と言ってもらっていたんです。

「なんでこんなになるまで放っておいたんですか！」

酒井　鷹梁さんがね、「先生、病院に行きますよ。いつなら東京に来てもらえますか」って言うから、引っ張られて行ったの。

鷹梁　十二月十四日のことです。普通は、検査して結果がわかるまでに何日かかかるんですが、暮れの忙しい時期に酒井先生に何度も東京に足を運んでいただくわけにもいかない。最初に相談した武田看護主任や齊藤先生、齊藤先生に紹介していただいて主治医になった清野先生が、その日に全部検査を済ませられるようにご尽力してくださった。それでその日のうちに結果がわかって、診断を仰ぐことができました。

酒井　主治医の先生に、「なんでこんなになるまで放っておいたんですか！」ってこっぴどく怒られた。最初に歯医者の先生に言われた八月の時点ですぐに来ていたら、もっと簡単に治せた、って。

「頭頸《とうけい》ガンで、もうステージⅣです」って言われた。タバコを吸ったりたくさんお酒を飲んだりする人がかかりやすいガンらしいけど、わしはどっちもやらんしな、「まさか」ぐらいに思ったよ。

だけどいろんな話を聞いていると、ガン細胞っていうのはそこらへんにいっぱいあるって言うじゃない。

そこで考えたね、「こりゃ、ほんとにガンになっちゃってるんだな」って。「ことによったら、ガンという可能性もあるかな」くらいは予想していたんだけど、「これは思っていた以上に深刻なんだな」と思った。

鷹梁　清野先生は頭頸部のガンの手術でたいへん高く評価されている名医です。手術は、顎の骨を切除することになります。ここを削るということは、咀嚼《そしやく》の機能にも影響しますし、細胞の広がり方次第では、舌も取らなくてはならない、声が出なくなる可能性も高いと、非常にリスクがあることを説明されました。

「生かされている」ことへの感謝を忘れてはいけないね

――ご自分でガンかもしれないと予想はされていても、やはりそこまではっきり言われると衝撃があったのでは？

酒井　いやあ……なんだろうね。そんなに悪いのかなあ、って、それでもまだ自分のことじゃないような気がしていたね。こんなに元気なのに、って。

ただ、からだのサインも見逃しちゃっていた、人の言ってくれることにも聞く耳を持たなかった、自分でほっぽらかしにしたことのまずさを強く感じたね。

だいたい、行をやっているときは、たとえ外が嵐であろうが、吹雪《ふぶ》いていようが、高熱があろうが、ケガをしていようが、絶対に休めない。そんな生活ばっかりしてきたから、お医者さんにかかるひまもなかったし、自分は丈夫だし体力もあるから何かあってもなんとかなっちゃう、と思っていた。

元気すぎて、自分の健康を過信していたんだね。自分の力で生きているような気になっちゃっていた。

「生かされている」ことへの感謝を忘れちゃっていたんだ。

毎日当たり前のように生活しているうちに、その大事なことをちょっと横に置いちゃって、考えなくなっていた。

坊さんのくせにな、年がら年中、人には「感謝しなさい、感謝しなさい」と言うときながらな、当の自分自身が、毎日当たり前に行動していることに感謝する気持ちがたりなかったんだな。

こんなになって初めて、自分が人生を不始末にしていたことに気づいた。

感謝を忘れて、すべてが当たり前だなんて思っていると、自分に反動が返ってくるんだよ。

日々是好日

二、病と向き合う

焦らない、迷わない、あきらめない

――二〇一二年の十二月にガンが判明して、病状や手術のことを説明され、どうすることにされたんですか。

酒井　「いますぐ入院してください」と言われたから、「お寺は年末年始は忙しいから、すぐには無理だ」と言ったの。暮れのお山のお勤めもあるしね。主治医の先生は「もう予断を許さない状況で、場合によっては、二か月後には危ないということもあるくらいなんです。少しでも早いほうがいいんですよ」と言うんだけど、お寺の仕事は自分の「本線」なんだから、これは譲れない。

無理を言って延ばしてもろうて、年明けの七日に入院した。それから、手術したり、なんだかんだあって、六月末までそのまんまずっと病院暮らしだよ。

――手術することはすぐに決心されたんですか。

酒井 うん、もう二つ返事だ（笑）。

主治医の先生と、いろいろ話をした。先生がね、「高齢の方の場合は、手術そのものがうまくいくかどうかより、その人の体力がもつかどうかのほうが心配なんですよ」って。それに、手術に耐えられても、そのあと入院している間ずっと寝てばかりいるでしょ、脚の筋力なんかが衰えちゃって、立てなくなっちゃうこともよくあるらしい。そういうことを考えると、「そのご年齢で手術を勧めていいものか」って言うんだよ。

もうけっこう行くところまで行っちゃってるから、普通の人だったらとても手術できるような状態じゃない、というようなことも言われた。

そう言われても、焦りもしなかったし、迷いもしなかったな。やってみもしないで、あきらめちゃいけないと思っていたからね。

だから先生にこう答えたの。

「『やってもらおう』と思っているから、ここに来たんです。やらないつもりだったら、比叡の山の中からわざわざ東京まで来ませんよ。覚悟はできてますから、手術をしたからこんなになったとか、しなければどうだったかもしれないとか、そんなことを言うつもりは一切ありません。先生に全部お任せしますから、どうぞやってください。お願いします」って。

そうしたら向こうも、「そこまで言ってくれるんだったら、やらせてもらいます」って言ってくれた。

——初めはなかなか病院に行こうとされなかった酒井先生が、それこそ鷹梁さんに引っ張られるような流れで、東京の病院で診てもらうことにされたわけですね。それで、このときにはもう手術を受ける決心ができていらしたんですか。

酒井　うん。だってさ、自分が動くっていうのは、もう「やる」ってことだからね。誰に言われたからとか、自分で思いついたとか、そういうのは関係ない。行動を起こすってことは、前に足を踏み出すこと。「やる」という決心を自分がしたんだから、もうそこでごちゃごちゃ考えないんだよ。

こうと決めちゃったらいいんだよ

――手術をしても、ひょっとしたら失敗するのではないかということをお考えになったりしませんでしたか。

酒井　それはなかったな。どうしようかな、なんて悩むことはないんだ。やるかやらないかのどっちか。イエスかノーかだよ。病気が見つかって、もっと生きていたいと思ったら、やるしかないじゃないの。単純な話だよ。

自分の気持ちを、こうと決めちゃったらいいんだよ。

結局、手術が一月の二十三日に決まったんだ。そうしたらね、今度は、こういうことをしますから安心ですよ、こうこうですから、っていう説明があったの。「最終的に承諾書にご自分でサインしていただかなければなりませんから、きちんとご説明しておきます」って。病院も手術するにはいろいろたいへんなんだなあ、って思ったね。

だけど、その書類っていうのが、僕はいやだったの。最初から手術してもらおうと思って、覚悟しているわけだ。とっくに肚《はら》くくってるんだよ。たとえ手術中に死んだって、それは成り行きだ。だからそんな紙きれなんか必要ない、って。だけどサインしてもらわないと手術できないっていう。間に入って、鷹梁さん、困ったんじゃないの。

鷹梁　いえ、まあ。だけど、清野先生は「さすがに肚のくくり方が違いますね。あのすぱっとした潔さに打たれました」とおっしゃっていました。あの気力、あの心の持ちようなら、長時間の手術も持《も》ち堪《こた》えられるだろう、と。

酒井　だって、ぐじぐじと考えたって仕方ないんだよ。手術してうまくいくかいかないかなんて、お医者さん自身だってわからないでしょ。神さま仏さましかわからないよ。そんなよけいなことに悩まないで、自分自身を納得させることを考えればいいんだ。

「どうしてこんな病気になったのか。原因はなんだったのか」とか、「自分の体力で手術を乗りきれるかどうか」とか、「手術をしないでこの病気と闘う道はあるのか」とかね。

それで、もっと生きていたいなあと思ったら、自然と答えは出てくるよ。病気に向かい合うって、そういうことじゃないかな。

もう自分は人生、このへんでお終《しま》いになってもいいや、って思ったら、治療なんかしなくていい、手術はしない、って考える道もあるのかもしれないね。だけど、生きているといろいろ楽しいこと、面白いことがあるじゃない。これで死んじゃうのはちょっともったいない気がする。

いまここに生かされている命を大切にしたいなあって思ったら、やっぱり病気に対して真正面から向き合って、もうちょっとがんばってみようかな、ってみんな思うんじゃないの。

勝手に歩いて看護師さんに怒られちゃった

酒井　手術はね、十二時間かかったんだって。主治医から当初聞いてたときは八時間か九時間くらいだったんだけど、いざ顎をあけてみたら相当悪かったのかなあ、たいへんな手術になっちゃったんだよ。

あとで聞いたら、顎の三分の二をとってな、顎の骨は脚の腓骨《ひこつ》を移植して、頬の皮膚は腿《もも》から移植してさ、今回の手術は、清野先生、石田先生、齊藤先生とかみんながかかわってくれて本当に感謝をしているんだよ。

それにしても先生たちの腕はすごいね。職人だよな。だってほら、こうしてべろも残ってるし、こうやって声も出るし、お茶も食べ物ものどを通るんだから。

よくぞここまで見事にやってくれたなあって、本当に感謝をしているんだよ。

――手術をされて目が覚めて、最初に何をしたいと思われましたか。

酒井　何もしたくない。案外とね、根はのんびりとしているんだよ（笑）。

手術が終わって、集中治療室に移ったのは知らないんだ。そこから自分の病室に戻されて、その部屋で初めて気がついたんじゃなかったかな。

「なにか用事があったら呼んでください」ってナースコールのボタンを手元のところにつけておいてくれるでしょ。言われたとおりにあれを押したんだけど、みんな忙しかったかなにかで、来なかったんだ。

しょうがないから、ベッドから起き上がって、とことこ歩いていったんだよ。そしたらもう、看護師さんがびっくりしちゃってね。「そんな勝手に歩いちゃ駄目じゃないですか」なんて言うんだけど、だって来なかったんだからしょうがないじゃないかってさ（笑）。

手術して一週間も経たないうちに、こんな八十八歳のおっさんがとことこ歩いていったから驚いちゃったんだろうけど、何をやってもね、平気なやつは平気なんだよ。

――昔、冒険家の植村直己さんが「自分が成しとげた五大陸最高峰登頂の記録などは、回峰行者に比べれば恥ずかしい限りだ」という言葉を残されましたが、その千日回峰行を二度満行された酒井先生ならではの超人ぶりですね。

酒井　だから、なんだろうねえ。化けもんかと思われたんとちがうかな（笑）。

手術が終わってしばらくしてからは、調子のいい日は外出届を出して、三十分ぐらい散歩してたの。歩くのは好きだからね、だんだん、だんだん慣れてきたら、三十分が一時間になっちゃった。

その病院は霞が関の官庁街に近いところだったから、「今日は虎ノ門のほうに行こう」「今日は新橋方面に行こう」って、うろうろして帰ってきた。若いころ東京の街の中をよく歩いていたから、まわりの景色はすっかり変わっちゃっていても、道はわかるんだ。

そのまま銀座まで行っちゃったことがあって、どうせここまで来たんだから、と思って、デパートに入って買い物してきた。お世話になった先生たちにお礼をしておきたいなって思って、万年筆を買って、「ああ、これでいつ退院してもいいし、いつ死んでもかまわないな」っていう気持ちになったね。

再発

酒井　予定だと、四月か五月には退院できるんじゃないかってことだったんだけど、そうは問屋が卸さなかった。

鷹梁　ほんとにびっくりするような回復力で、四月上旬くらいには退院できるんじゃないかと言われていたんですが、その間際になって、再発してしまったことがわかったんです。それで、お医者さんたちも、今後の治療方針を考えましょうと、そこから放射線治療もやりました。

酒井先生が飯室に帰りたいと強くおっしゃるので、六月下旬にお山に帰られることが決まったんです。

――ガンに対して、憎いとか、こんちくしょうみたいな感じはありますか。

酒井　憎いとかそんなことより、自分の不注意がいけなかった、と思う。いつも自分が言っていたことを忠実に守って実践していなかったから、こうなっている。それだけのことなんだ。

みんなから「だいぶ膨らんできましたね」「おつらくないですか」と言われていたときに、ここにある細胞は、ガンの細胞にぼこぼこやられてたんやなあ。ボクシングで言ったら、あと一発喰らってればダウンするっていうところまで、ぼこぼこに叩かれてたんだよ。そのぼこぼこにやられた姿が、いまこういう格好で出てきているんだ。

からだが教えてくれたときに、きちんと対処しておかなきゃいけなかったんだよ。

今日もこうして生かしてもろてることをありがたいと思わんとな。余命宣告ってあるやろ、医者の先生の。わし、先生の言う余命をもう過ぎとるらしい。だから、今日こうしておられるのも儲けもんだ。こうして声が出せること、笑っておられること、ほんと儲けもんだと思うよ。

悪いこともいいことも、みんな自然の中にある

酒井　肝臓や腎臓《じんぞう》のような内臓のガンでも一緒でしょ。「あんた、このごろむくんでるんじゃないの」とか「ちょっと肌が黄色いよ。体調はどうなの」とか言われるようだったら、病が表に出たがっているサインなんだから、無視しちゃいけないよ、って人には言うの。

ところが人間というのは、元気にしていると気づかないんだよ。自分には関係ないと思っている。

病気というのは、目に見えないところ、隠れたところでこっそり「悪さ」をするものだよ。泥棒と同じだ。悪いことをやるやつは、こそこそ、こそこそ隠れようとする。

詐欺なんかも同じだ。詐欺にかかるときも、最初はそんなこと全然わからないんだよ。忠告してくれる人があっても「なに言ってるの、あの人はいい人だよ。そんなことにはなりゃしないから大丈夫だって」なんて言っててね、あとになって、「しまった、あいつに騙《だま》されたって」ってことになる。

それで、「どうやらあの人もやられたらしい、手口が同じだ。危ないから気をつけなさいって忠告したのにね」なんて言われちゃうんだよ。

いちばん気がつかないのが自分。それも健康に自信のある人だ。

わしがいい証拠。元気すぎて病気なんか無縁だと思っていたし、無視しちゃってたからさ。

かえって、しょっちゅう風邪を引いてお医者に行ったりする人のほうが長生きするんだよ（笑）。熱がちょっと高いとか、ちょっとでも咳《せき》したら診療所に行く人がいるじゃない。そういう人は、つねに自分のからだと向き合ってサインを目ざとく見つけているから慎重なんだよ。

病気ってのは、物語なんだ。突然ぽっと出てくるんじゃなくて、からだのどこかにひそんでいる時代もあれば、ちょっとジャブを打ってくる時代もある。もうダウン寸前まで叩かれちゃってから、「おやおや」なんて言ってどうにかしようったってもう遅いの。外にはっきりわかるくらい出たときは、もうアウトなんだ。

わしなんかは、もうこんなに表に出てきちゃっているからね。自分に手落ちがあった。自分自身をしっかり見つめる目がなかったんだ。そういうことじゃないかと思う。

早ければ二か月、運がよくて二年なんて思ってもみたけどな、どうかな。わからんわな。ひょっとしたら明日すっと逝っちゃうかもしれんし、もしかすると、しぶとく生き残って、「あれっ、阿闍梨さんはガンで余命わずかだったんとちがうか、まだ生きとるのか」なんて言われることになるかもしれん（笑）。それはわからんよ。

人間だってやっぱり自然の中の一員なんだから、自然の流れというものを大切にしないといかんな。

悪いことでも、いいことでも、全部、自然の中にあるんだよ。

雲

三、死は怖いものではない

ガンよ、死ぬときは一緒に死にましょう

――ガンが再発されて、余命告知されて。それをお知りになったときはどういう心境でしたか。

酒井 いやあ……、人間、生まれたら死ぬことになっているからしょうがないなあって。あまり気にもしてないんだよ。

――衝撃は受けませんでしたか。

酒井 受けないね。なるようにしかならないから。人間は生まれたときから必ず死ぬということを約束されている。それが早いか、遅いかだからね。肚くっ

ちゃったら、どうってことないんだ。

――　私の父は昨年ガンで亡くなったんですが、一緒に病院に行って医師の話を聞いたりしていたとき、やはりショックを受けているようで、ふさぎ込みがちでした。普通の人の多くは、そうなりやすいと思うんです。そのときに、先生のように「生まれたら死ぬことになっているからしょうがない」と、なぜ思えないんでしょうか。

酒井　それは、みんな高度な知識をいろいろ詰め込んでいて、頭の中でうわーっと渦巻いているからだろうね。僕みたいに空っぽだと、むずかしいことをいろいろ考えないから答えがすっと出る。

たとえばね、引き出しにいろんな書類だとか手紙だとか、大事だと思うもの、いずれ役に立つと思われるものをどんどん入れていくとするよね。やがていっぱいになるでしょ。何かが起きて、ああ、このことに役立つものがこの引き出しに入っていたなあということはわかっていても、探し出すのがたいへんになるじゃない。

自分がガンになったとしたら、「この病気はどこの病院に行くとよさそうだ」とか、「手術以外に、どういう治療法があるのか」とか、「こういうものがからだにいいらしい」とか、「万一の場合、家族はどうなるのかなあ。保険金がちゃんとおりるのかいな」とかさ、いろんなことを考えるでしょ。

僕は、引き出しの中が空っぽ。知識もないし、どうしたらいいかっていう方法もわからないし、ただ仏さまからいただいた智慧《ちえ》をもとにするしかないの。だけどいろいろ知識がないぶん、迷わないで済むんだよ。

知識は大事だけど、知識で頭の中がいっぱいいっぱいになっちゃうより、少し「空き」をつくっておいたほうがいい。道具でも、少し「遊び」があるほうが動きがいいじゃないの。そういうことじゃないかなあ。

――先生にとって、ガンとはどのようなものですか。闘うものでしょうか、排除すべきものでしょうか、それとも、自分の中にできたものだから一緒に生きていくものなのでしょうか。

酒井　医学のことはようわからんけどなあ、ガンがからだに棲みついちゃっているんだから、しょうがないよ、これ。

まあ、ガンじゃなくたって人間死ぬしな。たまたまその道がガンだっただけ、思っていたよりちょっと早くそのときが来た、くらいのもんだよ。

「ガンさん、死ぬときは一緒に死にましょう」ということだな。怖くはないよ。

命は「無始無終」

酒井　よく「あなたは生まれてから何日生きたか計算したことありますか」という話をするんだよ。僕は八十八歳になったけど、これに一年三百六十五日を掛けて計算したら、三万一千何日。わずか三万日しか生きてない。

地球ができてから四十六億年とかって言うでしょ。人類が誕生してからだって、五百万年とか六百万年とかいう。一人の人間の一生なんて、それから考えたらほんの一瞬、わずかなものだよ。

だけど、一人の人が生まれて、死んで、また次に生まれて、死んで、ぐるぐるぐるぐる命をつないできている。生命というのはその輪廻《りんね》の繰り返し、自分の今生《こんじょう》の命もその一部だと思えば、死んじゃったらそれですべてがお終い、ってことではないと思えるようになる。

「無始無終」という言葉があってね、「始め無くして、終わり無し」、始まりも終わりもなくて限りなく続いていくということなんだけど、命っていうのはそういうもの、連綿とつながっていくものだって思っていればいいんじゃないの。

そう考えれば、そんなに気にもならないわな。

死ぬときは死ぬんだし、生きるときは生きるんだし。いま生きていること自体がありがたい、と思って生きること。いまここに生きていることに感謝の気持ちを持って、「一日一生」と思って過ごすこと。いつもと同じような変わりばえしない一日と思うかもしれないけど、この「今日」の日がまた来ることはないんだからね。
僕がいま「感謝」と言っても、「なんだ阿闍梨さん、自分ができてなかったくせに」って言われそうだけど、病気になってから、いっそう「一日一生」のありがたみを感じるようになったよ。

治る自信がないなら、無駄な抵抗はやめなさい

――先生は病室でナースコールを押しても看護師さんが来てくれなかったときに、起きて歩いてしまわれましたが、今後、もしもご自身が立ち上がれなくなったり、歩けないぐらいに体力が衰えたら、どうなさいますか。

酒井　自然に死んでいきますよ。そうなったらもう、しょうがない。仏さまのお迎えが来たと思って、無駄な抵抗はしない。よくテレビドラマの人質事件みたい

なので、警察が犯人に言うじゃない、「無駄な抵抗はやめなさい」って。あんなもんだ（笑）。

へたに自然の流れに逆らおうとすると、何かしっぺ返しが待ってるんじゃないのかな。

——自分で立ち上がれなくなって、もうそろそろお迎えが来ているかなと思っていても、家族が「いや、まだ生きていてほしい」という思いから、いろいろ延命的な医療をするようになっています。そういうことは、果たしてそのご本人のためになっていると思われますか。

酒井　そりゃ、ならないな。かえって両方とも苦しみの中に沈んでいくんじゃないの。看《み》ているほうは疲れるし、病人は病人なりに「もう、いい加減にしてくださいよ」と思っているはずだよ。あれやこれや管なんかつけられて、本人はさぞかし不自由だろうね。

だって、点滴つけておくだけでも、あんなに邪魔くさいんだから。横になっていても不自由だし、ちょっと歩こうと思っても、あの薬のぶら下がっているポールをごろごろ引っ張っていかなきゃいけない。歩きにくくてしょうがない。あれはほんとに不自由だった。

手術した先生の腕がよかったから、僕は気管も食道も舌も声帯も残してもらって、それこそ運がよかったけれど、ほんのちょっとしたことで、何ものどを通らない、声も出ないということになって、それこそなにか管をつけられてたかもしれん。人間の運命はわからないけどね。

――生き続けるために、延命治療をやるかやらないかの判断というのは、どう考えたらいいのでしょうか。

酒井　医学のことなんか何も知らない素人考えだけど、治るんだったら、それはやってもらえばいい。使えるものは全部、使えばいい。だけど、治る自信がないんだったらもう……。

治るようだったら、機械なんかもどこかで取っちゃうことができるはずなんだよ。そういうのは、ある程度、治る自信があるわけだけれども、外すことができないでずっとつけておくというのは、効果がないということだろうね。

これから治って、また活躍したり、いろんなことができるんだったら、外して動いたほうがいい。動けないということは、ある程度もう治らないということ。むごいようだけど、イエスかノーかをはっきり決めちゃわないといけないだろうね。

一般の人から見ると、薄情に思うかもわからないけれども、僕なんかは薄情とは思わないな。自分のことだったら、「駄目なら外しちゃってくださいよ」って言う。

まあ、そうは思わん人もおる。人にもよるからむずかしいけどな。

はっきり言えることは、どっちにしても、苦しまないでスーッと逝けることが理想だということだな。それが本人にとっても、周りの人にとっても、いちばんいいことじゃないかと思う。

気持ちを切り替えてごらん

——ガンになられたお一人として、同じように余命を告知された患者さんに何か言ってあげたいと思われるお言葉はありますか。

酒井　さっきも言ったけど、ガンじゃなくたって、人間いつか死ぬんだよ。さっきまでぴんぴんしてたって、交通事故であっけなく死んでしまう人もいる。地震とか山崩れとか、災害で命を落とす人もいる。自分だけが不幸なわけじゃないから、心配しすぎないで、いまある命を大事にしなさいってことかな。

死んだ子の歳を数えるようなことをして、「あのときこうしていれば、こんな病気にならなかったのに」みたいなことを考えるんじゃなくて、もっと明るいことを考えるといいね。

みんな、ぐるぐる命をつないで生きているんだ、って。「この人とは最初に会ったときから気が合う。ひょっとしたら、今生よりもっと前の生のどこかでご縁があって、つながっていた人かもしれない」って、周りの人を見てみるといい。そういうことを考えていると、逆に楽しいんだよ。

鷹梁　「病は気から」という言葉ではないですが、病気で病んでしまうと、前に向かっていく気持ちになれなくなっちゃう。やっぱり気の持ちようというのが大切なんじゃないでしょうか。

酒井　そうだね。

そうそう、あれを聴くといいよ、落語の『死神《しにがみ》』。人の寿命をひっくり返そうなんてことをするから、死神の怒りをかうわけだ。このろうそくが自分の寿命かと思ったら、どうにも手が震えちゃって……。ふ、ふ、って消えちゃう。ああいうことになるんじゃないの。

人生はなるようにしかならない

酒井　最近、昔のことをいろいろ思い出すよ。いまに至るまでの「道」というかね。

昔、牛込（現・新宿区戸山）に陸軍軍医学校があってね、その中に「防疫研究室」というのがあった。僕は若いころ、そこに勤めていたことがあるんだ。いまでいうアルバイト、雑用係ですよ。十七歳のころから三年くらいいたと思う。

朝からそこに出勤して、仕事が終わってから、夜、三田の慶應義塾商業学校に通っていたんだ。

僕たちを管轄していた陸軍大尉が大阪出身で阪大を出た人で、僕は大阪の生まれだから同郷のよしみっていうのかな、わりとかわいがってもらっていた。

この防疫研究室の所長というのが、あの石井四郎少将（のち中将）だった。だからそのころは「石井防疫研究所」なんて呼ばれてたんじゃなかったかな。

――それは、七三一部隊として知られるあの石井部隊ということですか。その研究所にいらしたんですか。

酒井　僕なんかは下っ端で雑用をしているだけだったから、そのころそこでどんな研究がされていたかよく知らないんだけど、きなくさいことが行われているってことは理解してたよ。

なんか見たことのないような冷蔵庫がいくつもあったり、いろんな薬品があったりしたからね。ホルマリン漬けにされた人の生首が並んでいるような、おっかない部屋もあった。

夜勤というのがあってね、研究所の中を巡回するんだ。静まり返った廊下を歩いていると、コツン、コツンって歩いている自分の足音が響くんだよ。

なんでそんなところに勤めようとしたかっていうと、戦争がだんだん激しくなっていって、医学部や理工学部の学生じゃないと、どんどん徴兵されるようになってたから、軍医学校で仕事してれば戦争に取られることはないかな、って考えたんだ。

その仕事も忙しくなって、夜勤なんかも増えて、もともと成績がよくないのに、学校を休むことも多くなったから、先生に「このままだと落第するぞ」って言われることになったんだね。

落第は困るなあと思っていたら、先生がひとつ道があるって教えてくれた。学校の最高学年にいる者は、軍隊に志願すれば、三月より前でも卒業したと見なしてやるっていう制度があったんだよ、そのころは。それで、そうかと思って予科練に入ることにしたの。

僕が予科練に入って半年か一年ぐらい経ったら、防疫研究室のみんなは、満州に移動したんだ。あのときに、どうしようかなと思ってそのままあそこで働いていたら、化学兵器だか毒薬だかをいろいろ使う石井部隊の下っ端のほうの一員として一緒に満州に連れていかれて、そのお先棒担ぎみたいなことをやることになっていたかもわからない。

だから、あのころ軍関係のそういう職務についていた人たちも、自分の意思で、人を苦しめようなんて思っちゃいなかったんじゃないかな。お国のために、自分には何ができるかってところで、そっちの道に進んでしまうことがあったと思うよ。

人生なんてどう転がるかわからないんだよ。運というのかな……、なるようにしかならないんじゃないかな、と思ってるんだ。

生き延びてるのには「生き残されてる」理由がある

酒井　戦争をくぐり抜けてきてるからね、いま思うと、あれは恐ろしいことをやってたんだなあって、ぞっとすることがいろいろあるよ。

予科練に入って、最初は熊本県人吉に行った。それから宮崎へ行って、鹿児島の鹿屋《かのや》に行った。鹿屋っていうのは、特攻隊の人たちが出撃する飛行場だった。

特攻隊で飛び立っていった人たちっていうのは、みんな優秀なんだよ。短期間で飛行機の操縦なんかをしっかり覚えてさ、上手に飛べる人がどんどん先に出撃していくの。僕なんかはね、ここでも落第組だった。その人たちが飛び立つ飛行場を整備するほう。

予科練時代

その飛行場から飛び立てないようにするために、米軍機がしょっちゅう飛んできて、飛行場をババババッと爆撃する。時限爆弾なんかが落とされることもあったしね。滑走路もがたがたの穴ぼこだらけになるでしょ、そうすると飛行機が飛び立てなくなる。その穴を埋めるようなことをやっていたわけ。

だから、特攻隊の飛行機を送り出すための滑走路を整えてたってことは、仲間を殺す理由を、せっせと整えてたっていうことだわな。頭がよくて優秀な人がそうやって死んでいき、僕みたいな落ちこぼれが生き残っちゃった。

一緒に飛行場の穴埋めてた仲間でもな、すばしこいやつのほうが先に死んじゃった。

滑走路の作業をしてるときにグラマンの機銃掃射があって、みんな神社のある森のほうに向かって逃げたんだ。僕は鈍くさくてな、田んぼの脇の小さな水路みたいな溝《みぞ》にズボッと落ちてしもうた。

「ああ、もうこれで一巻の終わりや」、そう思ったね。だけど低空飛行のグラマンから溝にはまっている僕が見えなかったのか、撃たれなかったんだ。

しばらくして、向こうのほうから友だちが駆けてきた。「あんた、ここにいたのか。無事だったか」って喜んでくれた。

そのとき、いちばん足が速くて最初に逃げていったやつは、おなかに機銃浴びて、内臓飛び出して即死しちゃった。いちばん最初に安全なところに飛び込んだやつが死んで、ビリで溝にはまってたやつが生き残った。

人の運命というのはわからない。僕なんかは死に損ないの人間だ。何度も何度も死にそうな目に遭ってきた。いつ死んでもおかしくなかった。そういう瀬戸際、瀬戸際で、生死の分かれ目をくぐり抜けて生き延びていたしな。

たまたま運があって生き延びたけど、人はいつ死んでも不思議じゃないって思うのは、やっぱりそういう経験があるからだろうね。

千日回峰の行をやってたときも、もう絶体絶命だってことが何度かあったよ。行者は、どんなことがあろうと、行が続けられなくなったら死ぬしかない。だけど、生かしていただいた。

今回、十二時間の手術が終わって、麻酔から醒《さ》めたときも、また生かしていただいたな、って思った。

きっと、まだ僕にはやるべきことが残ってるんじゃないの。だからこうして生かしていただいてるんじゃないかと思う。

無始無終

四、結縁《けちえん》

自分でも気づかぬところに「因縁」がある

酒井　僕は、五つくらいのときまで大阪の玉造っていうところで暮らしていた。その家には母方のおばさんたちが住んでいて、お山（比叡山）に上がるようになる前にそこを訪ねたときに、面白いものを見つけたんだ。

神棚に、虫食いだらけの変な木像が置いてある。それが妙に気にかかって、おばさんに「これ、なに?」って聞いたらね、「あんたのお父さんが、事業に失敗して東京に逃げてったときに置いていったものや」と言う。仏さまだから捨てるわけにもいかない、どこかのお寺さんにでも納めてきてくれるか、って言うから、

「そんなら僕が預かるわ」ってもらうことにしたんだ。

それは、役行者《えんのぎょうじゃ》さんの木像だった。役行者っていうのは奈良時代ごろにいた呪《じゅ》術者《じゅつしゃ》で、山岳修験道の祖師といわれている。手に取って見ているうちに、昔、母親がしてくれた話を思い出してさ。

まだ玉造の家に住んでたときに、僕は夜中にうなされたことがあったらしいんだね。自分じゃ覚えていないんだけど、「怖い、怖い」って泣いたっていうんだよ。母親の話では、この役行者さんを指さしているからなにかと思って見てみたら、お像に黒い蟻《あり》がたくさんたかってたんだって。それから、このお像のあるところで寝たくないって言うようになったんだ、っていう話をしてくれたことがある。すっかり忘れてたんだけど、その役行者さんのお像っていうのは、これのことだったのか、って思ったんだ。

あまりに古びて傷んでいたから、修繕してもらおうと思って、その前にこれの御霊《みたま》を抜いてもらわないといけないな、って考えた。

そのころ、ときどき比叡のお山に行くようになっていたから、それを持って、ある偉い行者さんのところに行ったの。その相手が、飯室谷不動堂にいた箱崎文《ぶん》応《のう》師。その後、僕を鍛えてくれるお師匠さんになる人なんだ。

僕の持っていったお像を見た箱崎師は、「なんだ、これは。おまえ、こんなものを持ってると、この裏山を歩くような人生になってしまうぞ」って言われた。

そのときは、何を言われてるかさっぱり意味がわからなかった。

比叡山のお寺を訪ねると気持ちがいいな、とは思ってたけど、まさか自分が出家して行者になって山を歩きまわることになるなんて、思ってもみなかったしな。そのとき訪ねた飯室谷不動堂が自分の終《つい》の住処《すみか》になるなんてことも、箱崎師に厳しく鍛えられる人生が待ってるなんてことも、まったく想像もつかなかったしね。

いろんなご縁やそうなる理由が絡み合っていることを「因縁」って言うんだけど、そういう不思議なめぐり合わせってあるものなんだよ。

自然に、心のままに動いていると、そういう運命的なものに導かれているのかな、って感じることがあると思うね。

人は何歳からでも生まれ変われる

—— 四十歳で得度《とくど》されるまでのことを、「落ちこぼれの落第人生だった」とよくおっしゃっていますね。

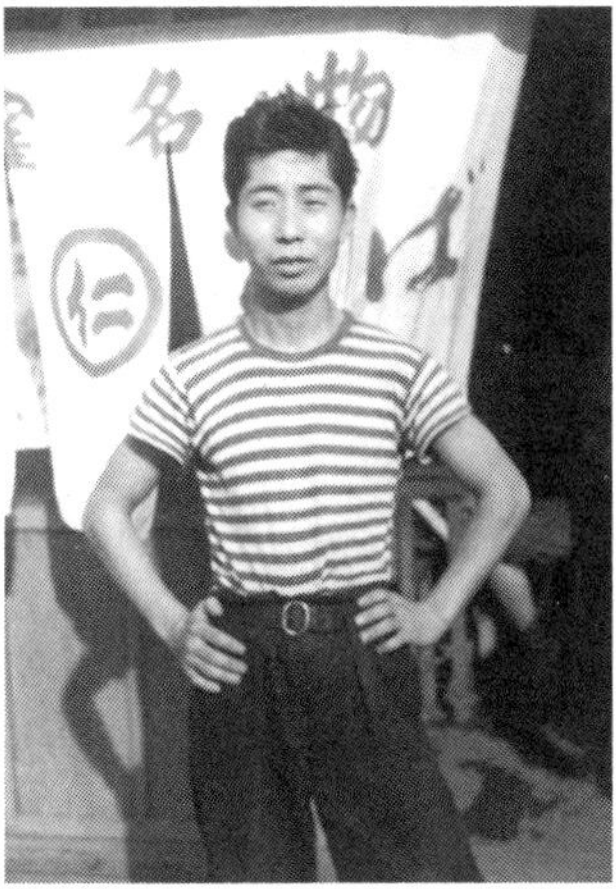
ラーメン屋の前で

酒井 うん、あのままだったら、ろくなもんになってなかっただろうね。軸のない、いいかげんな生き方をしとった。仕事もひとつのことが長続きしない。父親と一緒にラーメン屋を始めたんだけど、それが火事で焼けてしまって、父親の株屋の手伝いをしたり、お菓子屋のセールスマンをやってみたり。楽して儲けられることはないかな、なんてことばかり考えてた。人から後ろ指をさされるようなこともあったよ。

――なぜ一念発起して仏道を志すようになられたのですか。

酒井　一念発起なんてしてないんだ。何をやってもうまいこといかないから、いつもふらふらしてたしな。こんなことでいいのかなあ、って思っているうちに、いろんなことのめぐり合わせで、比叡山に行くようになったんだね。それだって、信心があってしていたことじゃない。成り行きなんだなあ。

親戚《しんせき》のおばさんが比叡山によく来てたんだよ。無動寺谷に向かう途中の弁天さんの信者さんでね。そのおばさんというのは、結婚してすぐに自殺してしまったわしの嫁さんの母親なんだ。

嫁さんを死なせてしまったあと、おばさんに連れられて初めてお山に行ったんだよ。わしは比叡山延暦寺がどんなところかも、何宗かも知らなかったしな。ただ、雄大な自然の中にいると、気持ちがほっとした。それから比叡山に足を向けるようになってね。

そして、おばさんの信奉していた弁天堂の小林 隆彰《りゅうしょう》 先生と出会って、その後、弁天堂の輪番になられた小寺文頴《ぶんえい》先生と出会って、三十七、八歳からお寺で小僧のような仕事を手伝わせていただくようになって、四十歳で坊さんになった。

そうやって考えると、死んじゃった嫁さんも、お山に連れていってくれたおばさんも、さっき話した役行者のお像も、人生のお師匠さんとなる何人かのお坊さんたちとの出会いも、みんなきっかけになってるわな。それも、みんなたまたまのもんやしなあ。

だから、ある日突然「わし、坊さんになるわ」って言って出家したんでもなんでもない。いろんなこととの自然なめぐり合わせが、わしを導いてくれたのかもな。命も受け継がれて生まれ変わっていくものだけど、人間も人生の中でめぐり合わせによっていくらでも生まれ変われるんじゃないのかな。それも一気にがらっと変わるんじゃなくて、一歩一歩歩いて前に進むみたいに、少しずつ少しずつ変わっていって、気がついたら、「あいつがこんなになったんか、びっくりだなあ」なんて言われるようになるんじゃないかと思うよ。
若いころのわしを知ってる人は、阿闍梨さんなんて呼ばれてるのを、「あの酒井がねえ……」って思ってるにちがいないんだ。わしは、何歳からだって生まれ変われるっていう見本みたいなものだろうね。

嫁さんのこと

――奥さまの自殺がご信心につながっているのでしょうか。

酒井　どうだろうね、いまとなってはようわからんわ。
三十歳過ぎてもわしは浮草みたいにふわふわと腰が定まらなかったから、所帯を持ったら少しは落ちつくんじゃないかって親や親戚も思ったんじゃないの。それで、母方のおじさんの娘と結婚することになった。いとこ同士だから、まったく知らない相手じゃない。

大阪の人だったんだけど、嫁さんは結婚してから「あれっ？」って思ったんだろうね、旦那の体たらくを見てさ。東京という土地にも馴染《なじ》めなかったのかもしれない。結婚してから一か月ちょっとで、大阪の実家に帰っちゃったの。

すぐ迎えに行った。すぐには東京に戻るという話にならず、嫁さんの実家が鉄工所だったんで、そこの手伝いをしたりしていた。だけど、誘いがあると仕事を放り出して遊びに行っちゃったりするものだから、帰るとおばさんから小言を喰らう。言われるようなことをしているこっちが悪いんだけど、面白くない。

嫁さんは嫁さんで、わしと母親との板挟みになって悩んでいたんだろうけど、思いつめていたことに気づいてやれなかったんだ。

ある日、わしが鉄工所で旋盤の作業をしてたとき、その上の部屋でガス管を引き込んで自殺をしてしまった。

「一緒にやっていけないなら帰ってもらえ」と親は言っただろうし、とはいっても、いまと違ってすぐ離婚するような時代じゃない。親戚関係ってこともある。いろいろ考えてるうちに、自分がいなくなればいいんじゃないかって思っちゃったんじゃないかな。

結婚してから二か月後のことだった。

お山への道

酒井　わしは、自分の駄目人生がますます決定的になったと思ったよ。自分を責めた。これからどうしたらいいか、わからなくなった。葬儀が終わって東京へ戻ろうとしたんだけど、おじさんから「せめて四十九日までいてやってくれ」と言われて、そのまま大阪でぼうっとした日を過ごしていたんだ。

そんな姿を見ておばさんもわしのことが心配になったんだろうね、お山に行かないかと誘ってくれたんだね。

おじさんたちもここで働けばいいって言ってくれたんで、そのまま大阪にいて、比叡山にもよく上がるようになった。

だけど、こっちが相変わらず腑抜《ふぬ》けなもんだから、おばさんはやいのやいのと口うるさいことを言う。毎日、小言や説教を聞かされるのがうるさくてしょうがなくてな、脱走することにしたんだよ（笑）。

そんでな、大阪の家を出て「どこ行こうかなあ」って思いながら、比叡山まで歩いてきちゃったの。大阪を夕方七時過ぎに出て、お山の弁天堂に着いたのは翌日の午後四時ぐらいじゃなかったかな。一昼夜とことこ、とことこ歩き続けた。電車賃がなかったわけでもないのに、電車に乗ろうとは思わなかった。歩きたかったの。

弁天堂では小林隆彰先生がわしの顔を見て、「なんだ、誰かと思ったらあんたかいな」って。おばさんは弁天さまの熱心な信者さんだったから、わしも小林先生とは何度もお会いしていたんだ。

人の……、いや四人のお師匠さんがいる。

いちばん最初に比叡山で会って、坊さんになろうという気を起こさせてくれたのが、いまも話した小林隆彰先生。

その次が、坊さんになる心得や、ものの道理を教えてくれた小寺文頴先生。小寺先生のもとで、得度させていただいたんや。

小寺先生は、わしより七歳年下のお師匠さんだった。

ある日、小寺先生から「酒井、ここの開祖は誰か知っているか」って聞かれて、答えられなくてね。学校で聞いたことのある名前を思い出して、「弘法大師」って答えたら、「俺もうかつだったな。そんなことも知らないで山に来ているのか。ここの開祖は最澄だ」って、あきれられてしまった。

わしがあまりにも仏教のことを何も知らなかったもんだから、小寺先生が学校へ行って勉強しなさいと言って、叡山学院に聴講生として入った。こっちは四十歳、他の学生はみんな息子くらいの歳ごろよ。おっさんが一人、そんな中に紛れだったんだ、と不思議でしょうがなかった。

鷹梁　不動明王は、酒井先生が帰依している明王様、その剣で大蛇と闘うという暗示的な夢を見られたということですね。役行者も修験道の祖師ですし、仏さまといってもいろんな仏さまがいらっしゃいますが、酒井先生の場合は、不動明王とご縁があった。二重、三重の意味で、その後、飯室谷不動堂とのご縁をいただくようになるということを示唆している夢のように思えます。

酒井　もう五十年以上も前のことなのに、その夢のような夢ではないようなわけのわからん体験のことが、ずっと記憶に残ってるんだな。

目を見開かせてくれたお師匠さんたち

――深く心に残っているご縁というのは、どなたですか。

酒井　やっぱりお師匠さんやろうな。一人だけじゃない、わしの頭の中には、三雲が覆って、大蛇が出てきたんだよ。

わしの周りをぐるぐる回りながら、わしを目がけて襲ってくる。

すると、祠のところにあった厨子《ずし》の扉が開いてな、そこからお不動さんが持っている剣が宙をくるくるくるって回って、わしはそれを手にしていた。その剣で大蛇と闘うわけよ。

必死に闘っているうちに少しずつ周りが明るくなってきて、いつの間にか大蛇の姿が見えなくなって、わしが手に持っていたお不動さんの剣も、手からするするっと抜けて、また厨子の中に戻った。

そして、さっき女の人がいたところに、また誰かいる。あの怖い鬼ばばかと思って見ると、なんとも言えない穏やかな笑顔のおばあさんだった。

変な夢だったな、と思ってふと見ると、自分の腕から血が出ているんだ。大蛇に咬《か》まれたところだよ。それに、手には、剣で大蛇を切りつけたときの感触もしっかり残っているんだ。夢にしてはやけに生々しいなあ、いったいあれはなん起きて水を汲んだり、食事の支度をしたり、掃除をしたりってこともな。たいへんなんだけど、苦じゃなかった。こういうことをして生きる世界があったんだなって、ちょっと身が引き締まるような気持ちがしたね。

一か月くらいお世話になったかなあ。また大阪に戻ったんだけど、いま思うと、あれも出家することを考えるようなきっかけのひとつだったなあ。

お不動さんの祠の夢

酒井　小林先生のところにいたときにね、夜、不思議な夢を見たんだよ。

お不動さんの祠《ほこら》があって、その前にすごくきれいな娘さんがいるんだよ。拝んでるのかなと思って近づいていったら、その女の人が振り返った。

そしたら、さっきはきれいな人だったのに、髪を振り乱した鬼ばばの形相に変わってるの。はっとしたら、その鬼ばばの姿が消えて、あたりが暗くなって黒い

「大阪から電話があったぞ、連絡せい。まあ今夜は泊まってけ」って。

そのときちょうど、大阪から博打《ばくち》好きな道楽息子が来ていて、小林先生のところで行をしてたんだな。「いま行をしているやつがいるから、あんたも一緒にやれ」って言われて、小林先生のお寺にしばらく置いてもらうことになった。

その道楽息子のほうは十日とかそのくらいで帰っていったんやなかったかなあ、よく覚えていないけどな。

翌日、小林先生から「ここに来たのも何かの縁だから、仏さまにお参りしろ。ただし、おまえはからだが穢《けが》れているから、下の滝に行って身を清めてこい」って言われて、仏さまの前で礼拝をさせてもろうた。普通だったら大阪から一昼夜歩いてきたら、足の筋が張ってしゃがめないくらいになる。ところがわしは、なんか礼拝するのが気持ちよくて、足の痛みもそんなに気にしないで、一週間で二十一座やっちゃったんだよ。

そのときに初めて、お経を読んだり、真言を唱える行をやったんだよ。朝早くおじさんたちもここで働けばいいって言ってくれたんで、そのまま大阪にいて、比叡山にもよく上がるようになった。

だけど、こっちが相変わらず腑《ふ》抜《ぬ》けなもんだから、おばさんはやいのやいのと口うるさいことを言う。毎日、小言や説教を聞かされるのがうるさくてしょうがなくてな、脱走することにしたんだよ（笑）。

そんでな、大阪の家を出て「どこ行こうかなあ」って思いながら、比叡山まで歩いてきちゃったの。大阪を夕方七時過ぎに出て、お山の弁天堂に着いたのは翌日の午後四時ぐらいじゃなかったかな。一昼夜とことこ、とことこ歩き続けた。電車賃がなかったわけでもないのに、電車に乗ろうとは思わなかった。歩きたかったの。

弁天堂では小林隆彰先生がわしの顔を見て、「なんだ、誰かと思ったらあんたかいな」って。おばさんは弁天さまの熱心な信者さんだったから、わしも小林先生とは何度もお会いしていたんだ。

も、いまと違ってすぐ離婚するような時代じゃない。親戚関係ってこともある。いろいろ考えてるうちに、自分がいなくなればいいんじゃないかって思っちゃったんじゃないかな。

結婚してから二か月後のことだった。

お山への道

酒井　わしは、自分の駄目人生がますます決定的になったと思ったよ。自分を責めた。これからどうしたらいいか、わからなくなった。葬儀が終わって東京へ戻ろうとしたんだけど、おじさんから「せめて四十九日までいてやってくれ」と言われて、そのまま大阪でぼうっとした日を過ごしていたんだ。

そんな姿を見ておばさんもわしのことが心配になったんだろうね、お山に行かないかと誘ってくれたんだね。

く知らない相手じゃない。

大阪の人だったんだけど、嫁さんは結婚してから「あれっ?」って思ったんだろうね、旦那の体たらくを見てさ。東京という土地にも馴染《なじ》めなかったのかもしれない。結婚してから一か月ちょっとで、大阪の実家に帰っちゃったの。すぐ迎えに行った。すぐには東京に戻るという話にならず、嫁さんの実家が鉄工所だったんで、そこの手伝いをしたりしていた。だけど、誘いがあると仕事を放り出して遊びに行っちゃったりするものだから、帰るとおばさんから小言を喰らう。言われるようなことをしているこっちが悪いんだけど、面白くない。

嫁さんは嫁さんで、わしと母親との板挟みになって悩んでいたんだろうけど、思いつめていたことに気づいてやれなかったんだ。

ある日、わしが鉄工所で旋盤の作業をしてたとき、その上の部屋でガス管を引き込んで自殺をしてしまった。

「一緒にやっていけないなら帰ってもらえ」と親は言っただろうし、とはいってら戻った翌日に青木さん（注・担当編集者）にご連絡差し上げて、急遽《きゅうきょ》取材が決まって……。これもひとつのご縁ですよ。

——ええ。昨日もびっくりしました。われわれが昨夜京都入りして、ホテルのロビーで今日の打ち合わせをしていたら、そこにすうっと鷹梁さんが入ってこられたじゃありませんか。どこに泊まるなんて話はお互いにしていないのに、偶然同じ宿になり、しかもわれわれがロビーにいる時間に、偶然、鷹梁さんが到着された。

鷹梁　あれ、びっくりしましたね。

　この企画の趣旨を説明してくれたときに、青木さんが、「父親がガンで亡くなって『死とはどういうものか』を見つめる本をつくりたいと考えるようになった」という話をされた。いまの先生のお話からすると、「お父さんがこの仕事がうまく進むように背中を押してくれている」という見方ができますよね。

——そうなんです。父も編集者だったので、「おまえ、ここは気張れ！」と言っているような気がします。

酒井　だから、こっちが無理言ってもすぐ動けたんでしょ。

わしの病気だってなあ、職人みたいに手術のうまい先生に出会って、手術を受けることにしたから、わしはいまここにおるんだよ。やってなかったら、もういないわな。死んじゃってた。そしたら、今日のこのインタビューもなかった。ということは、この本もできない。あんたがたとお医者さんはつながってるわけじゃないけど、あのお医者の先生とわしのつながりがなかったら、今日のご縁もなかった。

全部つながっている。一つひとつに全部、意味があるんじゃないの。

祥

五、歩くことが生きること

歩くことがわが原点

酒井　このごろよく、「歩く」っていう字を書くんだよな。歩くということは生きることだよ、っていう思いがあるから。それで、「雨の日も、風の日も」という脇字を入れるんだ。なんだか宮沢賢治の真似っこしてるみたいだけどな（笑）。

――「雨ニモマケズ　風ニモマケズ」ですね（笑）。

酒井　雨でずぶ濡れになっても、吹き飛ばされそうな風が吹いていても、ただとことこ、とことこと道を歩いてきた人生だからなあ。

――「とことこ歩く」という表現をなさいますが、酒井先生が回峰をされているときの映像や、その後の各地を巡礼されているときの映像を拝見すると、ところどころか疾風《はやて》のように颯爽《さっそう》と駆け抜けていらっしゃいますね。あまりの速さなので驚きました。

酒井 はははは。わりと速いよ（笑）。

鷹梁 若い行者さんたちと一緒に歩いていても、いつの間にかみんなを引き離してしまうんです。日ごろから鍛えている方たちでも、酒井先生のスピードについていけないんですね。先生と海外旅行でエジプトに行ったときでも、私よりもフットワークがよくて、すたすた歩いてクフ王のピラミッドの中へも入っていかれましたし、回峰で鍛えた脚はすごいと思いましたよ。

酒井 まあ、僕なんかは歩くことで坊さんになれたわけだからね。歩くことは僕の原点だ。

――お話を伺っていると、若いころからよく歩かれていたことがわかります。さっきの大阪から比叡山まで歩かれたというのもそうですが、もっとお若いときに、東京の街をよく歩きまわっていらしたというお話もありました。昔から健脚だったんですね。

酒井　ほかにやることなかったからなあ。仕事がないときにもね、朝、仕事に出かけるような顔をして家を出るわけだ。そして、当時住んでいた三鷹から中野、市ヶ谷を通って、築地か月島あたりまで行って、帰りは後楽園のほうを回って帰る。ぐるっと歩いて帰ると、夕方ちょうど仕事を終えるくらいの時間になるんだよ（笑）。

――東京回峰ですね。

酒井　そうそう。千日回峰行の中に、「京都大廻り」といって京都市街を一日で八十四キロ歩く日があるんだけど、そのとき「ん？　この感覚はどっかにあったなあ、知ってるぞ」って思ったね。東京でふらふらしていた時代にやってたことが、練習になってたんだね。仕事もせずにふらふらしてたことが役に立つなんて、人生はほんとに無駄なことってないんだなあって思ったもんだよ。

歩けば楽しみが見つかる

――小さいころから歩くのがお好きだったんですか。

酒井　うん、子どものころからよく歩いていたね。そのころは中野に住んでいてね。きょうだいは多い、お金はない、当然おもちゃなんか親にねだれないからね、遊ぶというと、石合戦をやるとか、泥の投げ合いをやるとか、そんなことばかりで、いまの子どもたちと違って、わしらなんかは外で遊ぶことが多かったしね。

悪ガキでさ、そういうのは強いんだ。そうすると、近くの裏店《うらだな》の小倅《こせがれ》がね、「石をぶつけられた」とか「泥まみれにされた」とか、親に泣きつくんだわ。それで「そんなことしちゃ駄目だろ、こら！」と叱られる。

しょうがないな、やることないな、って言って、探検隊になったような気分であっちこっち歩きまわるようになるんだ。「あっちの路地はこんなになってる」とか、「あそこを通ると抜け道になる」なんていうのを発見すると、楽しいわな。

中野の道玄町というところの長屋横丁だったんだけどね、そこから近所の友だちと一緒に新宿まで歩いていったりしてなあ。

――おいくつくらいのときですか、それは。

酒井　七つぐらいかなあ。面白くなって、日曜日になると毎週、中野から新宿まで歩いていた。

その道もね、最初は、遠い遠い道だったの。だけど「あそこを抜けたらもっと早いぞ」「ここをこう行ったらもっと近いぞ」と、どんどん近道を見つけてね、そのうちに三十分くらいで新宿まで着くようになったんだよ、子どもの足で。

昔のことだから、いまみたいに高層ビルが目印になるわけじゃないからね、迷っちゃったりもする。だけど、なんかそういうことをしてるうちに、方向感覚みたいなのが自然についてくるんだよ。

だから、歩くというのは、僕にとって楽しみを見つけることだったの。

母親におむすびをつくってもらって、それ持って日曜日に上野動物園まで歩いて行ってきたこともあったなあ。

歩くことが遊びになったし、いろんな発見にもなった。世の中の面白そうなところにも行けた。歩くって面白いなあって思っとったよ。

人間、なんかしら取り柄があるもんだ。勉強のほうはからっきし駄目だったけど、歩くことはいくらでもできたからね。

いつもの道も毎日違う

――「歩く」のほかにはどんな字がお好きですか。

酒井　「道」という字も大好きで、年がら年中書いてきたね。行のときに、毎日、毎日、山の中を歩くでしょ。同じ道を同じペースで同じように歩く。すごくくっきりした足跡を見つけて「誰がこんな山の中を通るんだ？」と思って、よ～く見たら自分の足跡だった（笑）。

毎日、毎日、右、左、右、左って足をつける場所が同じで、歩幅も一緒なので、自分が踏みしめるところがしっかりした足跡になってたの。

でもね、毎日同じように歩いている道でも、見える景色はいつも違うんだよ。回峰行で雪深くなる季節から、冬の名残が残っている春へと移行するときなんか、いつの間にか桜の木に、ぽちっとつぼみが出てくる。つぼみが膨らみ出してきたら、「もうじき、春が来るんだなあ」と思う。

そして「あっ、一つ咲いた」「二つ咲いた」「どんどん咲いてくるなあ」と思う。満開になって、花が終わりかけると、あっという間に葉が出てくる。夏が終わるころには、その葉が色を変えてはらはら舞うようになるじゃない。桜の樹だけ見ていても、毎日どんどん変わっていく。

山全体となると、もういろんな変化がある。「ここんところ雨が続いたせいか木々の緑の色が濃くなったなあ」とか「このあたりにはよくイノシシの親子がいるけど今日はどうしちゃったのかな」とか。

自然ってこういうふうに毎日様変わりするからね。昨日とまったく同じってことはないんだなあ、って。そうすると、今日という日の大切さにも気づくわけだ。

――毎日、新しく「出会う」わけですね。

酒井　道も一期一会だからなあ。日本でも、外国でも、ほんとにいろんな道を歩いてきた。その一つひとつの道に、みんな違う表情があるわけだから、もう書くたびに違う「道」という字が書ける。

なかでも自分でいちばん好きな「道」という字は、しんにゅうの部分から太く書いて、ちょっと力強さを出しているんだなあ。

それを軸に表装してもらって、向こうの部屋にぶら下げてあるんだ。見た人たちは、「阿闍梨さん、『道』の文字が個性的ですね」って言うんだけど、僕にはとても思い出深い大切な「道」という字なんだよ。

「道」にはいろんな意味があるしな。自分の仕事なんかのことも「道一筋」とかいうし、目指している夢や目標のことも「道」と考えれば、生き方そのものが大きな「道」だしな。「道」というのはものすごく奥深いものだと思うよ。

「峰」と「峯」

酒井　「歩」、「道」、それから「峰（峯）」という字も好きだな。

同じ「みね」でも、「峰」と書くのと「峯」と書くのがあるでしょう？　「回峰」って書くのもあれば、「回峯」って書くのもある。どう違うのかと思って、いろんな人の話を聞いたりして、考えたんだ。

僕が思うには、山偏が左についている「峰」の字を使った「回峰」というのは、わりとなだらかな山々が連なっているところをめぐって歩くということ。山偏が上についている「回峯」のほうは、峰の上にまだ高くてけわしい山があって、そこまでめぐり歩くこと。そういう違いがあるんじゃないのかな。

僕らが歩いている比叡山はそう高い山じゃないから「峰」だ。吉野の大峯山と熊野三山を結ぶ道があって、そこは「大峯奥駈道《おおみねおくがけみち》」といわれている。あっちは山偏が上についているほうの、けわしい「峯」だな。

うちのおじいさん（箱崎老師）は、大峯山のほうでも行をやっていたんだよ。比叡山で千日回峰行を満行してから、「大峯奥駈道」で百二十日の巡礼をやっているの。その後、木曾の御嶽《おんたけ》で百日の回峯もやってるしね。それはすごい行者だったんだ。

鷹梁　そういう酒井先生も、大峯山を歩かれているんですよ。

酒井　おじいさんがどんなことをされてきたのか足跡をなぞろうと思ってな、昔、歩いたことがある。

僕が「回峰行をやる」と言ったとき、おじいさんは「それは『回峰』と『回峯』、どっちか？」って聞いたんだ。そのころはまだ違いがわからなかったからな、よう答えられなかった。「どっちの道を歩くんでも、自分の足を山に踏み入れて歩くんだ。やるからには、自分の道を探せ」っていうことを言われたな。

比叡山の回峰にも、大きく言うと、無動寺回峰と、飯室回峰があって、飯室の回峰コースは長くやる人がなくて、途絶えていた。それを、うちのおじいさん、箱崎老師が歩いて復興させたんだ。

もちろん手文を見て巡拝する場所なんかを覚えるわけだけど、ただ決められたとおりに歩くのが行じゃなくて、自分で楽しみを見つけて自分の道にしなさい、って言ってたんだな。

――先生は、「峰」と「峯」とでは、どちらがお好きですか。

酒井 僕なんかには「峯」は高すぎちゃうな。

歩くことがヘタだと生きる資格がない

酒井 うちのおじいさんが大峯山を歩いていたころは、山中にクマだとかオオカミなんかがいたという。

何かついてきている気配がするなと思ったら、オオカミが後ろからついてきていたんだって。油断したら、いつガブリとやられてもしょうがない状況だ。

おじいさんは、昼飯用に持っていたおむすびを小さくちぎって、後ろのほうにぽーんと放った。そうすると、オオカミはおむすびに気を取られるじゃない。そうやっておむすびをちぎっては放り、ちぎっては放りしてずっと歩いて、新宮までたどり着いたそうだ。

だけど、まだ安心できないんだよ。翌日は来た道をまた戻っていかないといけないんだからね。

オオカミに限らず、自然の中を歩いていると、何があるかわからない。いつも神経を研ぎ澄まして、何かあったら反応できるようにしていないと生き抜いていけない。歩くことがヘタだと、山では生きる資格がない、ということなんだよ。

だから、ほんとうに「歩くことが生きること」なんだ。

「行き道は　いずこの里の　土まんじゅう」

酒井　うちのおじいさんは大峯山とかでそういう経験をしていたからこそ、「行き道は　いずこの里の　土まんじゅう」なんていう言葉が出てきたんだろう。どこで命を落とそうが、いま歩いているその道が自分の墓場になる、ここで朽ち果てるんだというつもりで歩け、と。行をする者としての強い覚悟を教えてくれた。

それは、いつも「後がない」と思ってなさいよ、ってことなんだな。それから、いつどこで死ぬことになるかわからないんだから肚をくっておけっていう意味でもあるし、その日、その日の瞬間を精いっぱい生きることが大事だよ、っていうことでもあるんだよな。

普通の人は、「自分が死んだら、どこそこでお葬式をしてください」とか、「お墓はこういうふうにしてください」とか、いろいろ言うでしょ。

だけど、いつどんなふうに自分が死んじゃうか誰にもわからないんだから、いまから死んだあとの心配をするよりも、毎日一生懸命生きて、いつどこで死んでもいいと思っていれば、そのほうが不安のない毎日が過ごせるじゃないの。

行者だけでなく、普通の人だって「行き道は　いずこの里の　土まんじゅう」のつもりで生きたほうがいいんじゃないかと僕なんかは思うよ。

地球を足の裏に感じて歩く

酒井　僕はいつも草鞋《わらじ》で歩いていた。二度の回峰行もそうだし、その後の巡礼、中山道を東京まで歩いたのも、東北恐山《おそれざん》までの旅も、九州国東《くにさき》半島の六郷満山《ろくごうまんざん》峯入行も、山陰・吉備《きび》路の旅も、中国の五台山に行ったときも、天台山に行ったときも、全部草鞋で歩いた。

いまの人はみんな靴を履いているでしょ。巡礼で一緒に歩くときに見ていても、底の厚いスニーカーを履いている。ああいうのと草鞋とでは、地べたを感じる感覚が全然違う。

草鞋は足が地べたに吸いつく。地べたの感触がほんとによく伝わってくる。固かったり、ぬかるんでぐちゃぐちゃだったり、でこぼこだったり。草鞋だと、地べたのぬくもりも冷たさも感じ取ることができてたからね。

草鞋で歩くと、大地の感触が実感として自分のなかに残るんだよ。大げさに言うと足の裏で地球を感じるんだよ。自分は地球の上にいるんだな、ってことを肌で感じる。

草鞋で歩くというのはね、僕にとって、そこの自然の一部になることなんだ。それに、自分で歩くということは、ものに頼らないで自分のからだを使って前に進んでいくでしょ。ただの移動手段ではなくて、生きる手段なんだよ。毎日、毎日、自分の力で前に進んでいく。それが自分の自信の源になっていくんじゃないのかな。

「阿闍梨さんは千日回峰行を二度もやられて、すごいですね」なんてよく言って

逆光の峯道を行く

もらうけどね、それは比叡山という大きな舞台があったから、みんなが注目して大騒ぎになるけど、特別なもんじゃないよ。自分の力で前へ進む努力をしている人は、普通の人だってたくさんいるじゃない。

たとえば、自転車で日本を縦断するとか、世界のどこどこを横断したとか、そういうことをしている人がいるでしょ。そういうのもすごいものだ、って思うね。

自転車という道具は使うけど、自分で漕《こ》いでいかなきゃ進まないんだから。ものすごい急坂だってあるだろうし、でこぼこの激しいところだってあるだろうし、強風であおられたら、歩くよりももっと進みにくいだろう。どないすんのかな、って思う。たいしたもんだよなあ。

――飛行機で地球を一周するのとはわけが違いますよね。

酒井 うん。自力で進むから、実感が湧く。それを、飛行機に乗ってブーンとひとっ飛びで行っちゃったら、「ああ、こんな遠いところまで来たんだな」という実感がないでしょ。味気ないよねえ。

便利さばかり求めていると大事なことを見失う

酒井 昔だったら、地べたを歩かなきゃどこにも行けなかった。馬や駕籠《かご》に乗るっていってもな、それだってみんな地べたを踏みしめて一歩一歩進んでいった。

街道を歩いていると、甘酒屋だとか団子屋とか名物を置いてる店だとかがあってさ、「あそこでちょいと一休みして団子でも食うか」となる。「へえ、ここはこういうものが名物なんだな」って知ったりするのが、旅の楽しみのひとつでもあったわけだ。

だけどもいまは、どこに行くんでも車や新幹線なんかでスーッと行っちゃうから、地べたを進んでいく感覚がまったくない。「名物？　いやいや、いま急いでいるからそんなところに寄っているひまないよ」って感じでしょ。

中山道を京都から東京まで歩いたときも、街道筋には昔から伝わる話がいろいろあって、地元の人からそういうのを聞かせてもらうのも楽しかったね。歩く旅っていうのは、その土地の文化とか風土に触れる機会なんだな。やっぱりそこに行かないとわからないことがいっぱいある。

乗り物に乗って、楽して簡単に目的地に着いちゃうより、歩いて人と触れ合ったりする旅のほうが、心の贅沢《ぜいたく》をしてるんじゃないの、って気がしたね。

徳川時代でも、戦国時代でもいいから、もういっぺん、時代を戻したほうがいいんだよ。そうしたら歩くしかなくなる。自分が自然の一部で、生かされているということもわかる。

鷹梁　筑紫《ちくし》哲也さんがまだお元気だったころ、「ニュース23」で根本中堂《こんぽんちゅうどう》の千二百年の法灯前で酒井先生と対談をしていただいたことがありまして、そのときもそんな話が出ましたね。現代人は忙しすぎちゃって、大切なことを置き去りにしている、と。便利にしたい、便利にしたいと進めてきたけれど、便利が不便利になっているんじゃないか、という話で盛り上がったことを思い出しましたよ。

酒井　便利な世の中になったって言うけど、考えたら、人間は歩かなくなったことで不自由になったところが大きいかもしれないよ。だって大事なものを自分の感覚でしっかりとらえなくなっちゃったんだから。

少しでも早く目的地に着くことばっかり考えてる。すぐ近道、早道を探すでしょ。ここに来るのでもね、最初は、まず本堂に行って、それから護摩《ごま》堂に行って、護摩堂の横のところの階段を上がって、ここまで来る。ところが慣れてくると、それをしなくなる。すっと近道して直接ここに来ちゃう。本堂なんかどうでもいいや、ってなるの。

おいおい、ちょっと何か大切なこと忘れてませんかって、僕は思っちゃうの。

言わないけどね（笑）。

呼吸のリズムで歩く

――歩く達人として、歩き方のコツをお教えいただけませんか。

酒井　自分のペースを持つ、ってことが大事だな。自分のペースというのは、自分の呼吸のリズムでもあるからね。歩くペースと呼吸が合っていると、自然に足が前に出るんだ。歩くっていうのは、ただ漠然と足を出しているんじゃない。呼吸しているから歩けるんだ。

だから、歩いていてからだが動かなくなってしまったら、呼吸が乱れてるんだな、って思って、息を整えるといい。

息を吐くときに片足を出す、吸うときにもう一方の足を前に出す。これを、いちいち意識しなくても自然にできるようになることが大事。そうすると、楽に歩けるようになる。

その調子でいつも歩いていると、呼吸のリズムを調整することで、歩くスピードも変えられるようになる。

回峰をやってたときには、春になって歩きはじめたころはまだ足の関節がかたいから、ならすために少しゆっくりめのペースで歩いたね。十五日くらい歩いていると、関節が柔らかくなって、足の運びの型ができてくる。そうすると速く歩いても大丈夫なんだ。

足の関節が慣れてくる前に、自分は体力があるなんて思って飛ばしてしまうと、膝《ひざ》を痛めるんだよ。膝が痛むと足を引きずっちゃう。リズムが崩れるでしょ。そうすると、呼吸も乱れるから、なおさら足がうまく動かなくなるんだ。

呼吸のリズムっていうのは、一人ひとりみんな違う。だから歩くペースもみんな違う。

たとえば、誰かと一緒に道を歩いていると、一人のときより歩きづらいな、って感じることがあるでしょ。人それぞれ歩幅が違うし、足の運びも違う。相手に合わせなきゃ、って思うから、一人のときより疲れちゃう。

それが、なんとなく合う人もいる。「あんたとはなんか息が合うみたいだねえ」なんて言ってさ、親しくなったりするじゃない。歩くリズムが合ってる人は、呼吸のリズムも近いんだね。だから、実際に「息が合ってる」んだよ。

昔の人はそういうことをちゃんとわかっていて言葉にしていたんだから、すごいねえ。

コツはそれぞれが自分でつかむもの

酒井　いまはなんでも懇切丁寧に説明しちゃうよね。「こうやったらもっとうまくできますよ」「こうすれば上達しますよ」って教えるでしょ。僕は、そんな誰にでも通用するコツなんかない、って思ってるの。みんな一人ひとり違うんだから、上達の仕方だってみんな違うのが当たり前だよ。

コツというのは、本来、自分で考えて決めるもの。僕がいくら「こうやって歩くと疲れずに歩けますよ」って僕のやり方を伝えても、他の人にもそれが必ず通用するかなんてわからないんだよ。

入院していたときに、病院の中にリハビリをするところがあって、バーにつかまって歩く練習をしてる人とか、踏み台みたいなのを上がったり降りたりしてる人がいて、リハビリの先生が「足をもっとしっかり上げてください、足が上がらなくなると、ものに突っかかって危ないんですよ」ってやってたよ。

僕は、それを横目で見ながら、お能をやってる人なんかは、そんなふうに言われたら困っちゃうだろうな、って思ってた。お能は摺《す》り足だから、日常の生活でも歩くときに摺り足で歩く習慣がついている。その人にとっては、摺り足がいちばん疲れないですっすっときれいに歩ける方法なわけでしょ。そういう人に「足をしっかり上げて」なんて言っても、うまく歩くコツにならないでしょ。

それよりは、「とにかく呼吸と合わせることですよ。そうしたら足が自然に前に進みますよ」って教えてあげるだけでいいのになあ、って思っちゃった。

人の話を聞いてみるのは大事だ。それをちょっと真似してみるのもいいよ。だけど、それがほんとうに自分に合うのか、自分にはどんなやり方がいいのかは、結局は自分で決めなきゃならないことだよ。

歩くとは現実を変える行動力だ

酒井　悩み事を相談に来た人に僕がよく言うのは、「くよくよしていないで、外を歩いてごらんなさい」っていうこと。これにはちゃんと根拠がある。

仏教用語に「身口意三業《しんくいさんごう》」というのがあって、これは「身（＝からだ）」と

「口」と「意（＝心）」、三つの要素を調和させなさいという教えなんだね。

たとえば「常行三昧《じょうぎょうざんまい》」という行がある。九十日間、お堂にこもって念仏を唱えながら、阿弥陀《あみだ》さまのまわりをぐるぐると歩き続ける行。僕ら行者は、身は印を結んで歩き、口は呼吸を整えて念仏を唱え、意つまり心の中でひたすら念ずるというやり方で、身口意三業を実践するんだ。

で、普通の人たちの日常生活で考えたときにどうすればいいかっていうと、「身」はからだを動かすこと、「口」は呼吸を整えること、「意」は心を落ちつかせることになる。この三つがちゃんと調和していると、穏やかな心持ちで暮らせる。それが、それぞればらばらになっていたり、バランスが悪かったりすると、苦しんでしまう。

昔ね、植木なんかを剪定《せんてい》するときに使った「三つ又」の考えだよ。三本の脚のうち、一本でも折れてしまったら、どうにもならなくなるじゃない。それと同じで、それぞれが支えあって、用が足りるんだからね。

よく「心とからだがばらばら」と言うけど、思っていることと行動が調和していないと、いろんなことがうまく運ばないし、呼吸も浅いと酸素が体内に十分に行き渡らないから、動きも鈍くなるし、胸苦しくなる。そうすると心も沈むんだな。

みんな頭で考えることばかり重視しがちで、悩みを理屈で解決できたら、きっと心が晴れるはずだと思っている。からだや呼吸の調和なんてことは全然思ってもいないんだよ。

だから、からだと呼吸と心は密接に結びついてるんだってことを意識して、一日に一回、三十分ぐらいでいいから、外に出て家のまわりでも歩いてみるといいの。呼吸のリズムと歩くペースの話をさっきしたけど、それがうまくできて呼吸がリズムよく、深くできるようになると、心も落ちついてきて、何をくよくよ、うじうじ悩んでたのかな、っていうように変わる。

なぜそれがいいかっていうと、歩くことは「行動する」ことだから。ひとつところにじっとして考えているだけだと、どんなにいいことを考えていたとしても、実践的に現実を変えていくことにはつながっていかない。歩くってことは、自分をどこかの方角に向かって動かすことになるから、必ず何かが変わっていくんだよ。

―― 最近、いろんな不安を抱えてうつになる人が増えていますが、そうすると、「カウンセラーにかかるよりも、まずは毎日三十分、歩いてみなさい」ということですね。

酒井 そうそう。歩くだけならお金もかからないしね、安上がりでしょ。それで心の問題が解消できて心身すこやかになっちゃうと儲からなくなっちゃうから、専門家は「そんなことじゃ、よくなりませんよ」って言うだろうけどね(笑)。

道

歩くことが
生きること
雨の日も
風の日も

六、「苦」を「楽」にする知恵

苦しいことの中に「楽」を見出す

――行をなさっているときには、苦しいこと、つらいことがたくさんあったことと思いますが、とくに印象深く覚えていらっしゃることは何ですか。

酒井 忘れちゃったねえ（笑）。みんな二言目には、「苦しいことがいろいろあったでしょうね」「さぞかしたいへんなご苦労をされたんでしょうね」って言うんだよ。でも僕は、苦しいなあ、って思いながら行をやってたことはないんだよ。楽しんでたんだ。人から見ると、全然そうは見えないかもしれんけども。

――しかし、たとえば千日回峰行のお堂入りのように、九日間、一滴の水も飲まず、何も食べ物を口にせず、横になって眠ることもできない、と聞きますと、人間の肉体の限界を超えているように思えるのですが。

酒井 お医者さんが興味を持って調べたことがあったそうだ。普通に考えると、どうも七日か八日ぐらいが限界らしいな。それを超えることをやってるのは確かだわな。

――それにもかかわらず、苦しくはなかったのですか。

酒井 僕は「苦」という字を「楽」という字に取り換えちゃうの。どんな「苦」が来ても、この中にも「楽」がある、って考える。「こういうふうにしたら楽しくなるのとちがうか」って考えればいいんだよ。

何でもそうじゃない。仕事にしたって、勉強にしたって「苦しいな」「つらいなあ」って思ってたら、やる気が起きない。得意じゃなくても、そのことの中に何か少しでも楽しめることを見つけると、積極的にやれるでしょ。どんなことでも、ちょっとした「楽」を探すことはできるものなんだよ。

工夫して、失敗して、納得する

酒井　僕にはいろんな知識がなかったから、そのぶん、どうしたらいいかな、っていつも考えていたわけだ。

雨が降っているときでも、草鞋で出ていかなきゃいけない。草鞋は藁《わら》を編んでいるだけだから、水に濡れるとすぐに駄目になっちゃう。だから最初のころは、「草鞋を濡らさないような方法はないかな」って考えたものだ。

足の先っぽのほうだけつけて、つま先立てて歩いてみたらどうだろうか、とやってみる。だけど、そんなことしても、どこかで水たまりになってるところにドボッと浸《つ》かっちゃうんだよ。

「あ〜あ」とがっかりする。「どうせ濡れちゃったんだから、もういいや」と思って、開き直って、かかとまでしっかりつけて歩く。そのほうがやっぱり歩きやすいんだよ、当然のことだけど。

そうすると、雨が降ってるときは濡れることになってるんだから、小細工しようったって無理だなあ、って実感するんだ。そんなのはわかりきっていることなのに、それを「自分だけはなんとかなるんじゃないかな」って考えるんだね、人間ってものは。

そんなことをしても駄目、自然を相手にしたらありのままにやるしかないか、って観念するわけだよ。これもまた「無駄な抵抗はやめなさい」なんだよ。するると、次からは、雨が降っても草鞋が濡れるのを嫌だなあ、なんて思わなくなるんだね。そういうものだから、って納得してるから、気にならなくなる。嫌だな、って思うことがひとつ減り、ひとつ学ぶんだな。

それに、失敗に終わっても、自分でいいこと思いついた、なんて思ってやってるときは、楽しくなってるんだよ。そういうことを考えるのもまた楽しいことだったね。こうやって、あとになってから笑い話にもできるし、楽しいじゃないの。

箱崎老師の教え

酒井　回峰行をやっているとき、僕はうちのおじいさんの世話をしながらだったから、ものすごく忙しかった。

夜中の一時に出峰する。山を歩いてきて、朝お寺に帰ってきたら食事をつくり、薪《まき》で風呂を沸かし、おじいさんの食事と風呂が終わったら後片付けして、自分の装束の洗濯をし、それを干す。掃除も、お勤めも、その他のおじいさんの雑用もいろいろある。もう一日中大忙しなんだ。

おじいさんはお酒が大好きでね、お客さんが来ると一緒に飲みはじめて、これがまた長いんだ。僕は翌日も夜中の一時から山を歩くわけだから、夜の十時過ぎには寝たいところなんだけど、おじいさんは遅くまで「おい、酒のつまみをつくれ」とか、いつまでも用事を言いつけるでしょ。意地悪でやってるんじゃないかと思って腹が立ってな、「このくそじじい！」って思ったこともあったよ。

行をやってる間、自分の食べるものは、うどんと茹《ゆ》でたじゃが芋と豆腐、ずっとこれを通してたんだけど、うどんはスルッと飲み込めるし、じゃが芋の茹でたのは、仕事しながらでも口に放り込むことができる。それと、からだのためにと、胡麻《ごま》油をコップになみなみ注いで、それを飲んじゃうの。機械じゃないけど、人間潤滑油だよ。よけいな時間を短縮するための僕なりの工夫も考えたね。

あるとき、前の晩のうちに朝の食事をつくっておいたら、朝、行から帰ってきてから並べるだけでいい、少し楽ができるんじゃないか、って考えてつくっておいたんだ。そして朝帰ってきて、食事の支度をしようとしたら、つくっておいたものが全部外に放り出されて、投げ捨てられていた。

おじいさんはそのことを何も言わなかった。こっちも「こんちくしょう」という気持ちはあるけど、口には出さない。黙ってまたつくり直して、出したよ。きっと老師は、「昨日は昨日で終わりだ、昨日つくったもんを今日食わせようとは何事だ」って思ってたんだろうね。

「一日一生」、一日が終わったら、それで今日の自分はお終い、明日はまた新しく生まれ変わるんだ、って僕はよく言ってるけど、おじいさんからそういうものの考え方の基礎を叩き込まれてた影響があるね。

それに、ただ厳しいだけの人でもなくてさ、ある日、風呂を焚《た》く薪が足りなくて、おじいさんが大切にしていた植木を薪がわりにしちゃったことがあるの。そしたらおじいさんは、「おい、今日の風呂はやけにいい湯だなあ、なんか肌がつべつべになるなあ」って。僕は知らん顔してたけど、内心はあとで怒られるだろうなあ、って思ってたんだよ。だけどおじいさんは怒らなかった、気づいていたのにね。よくやってくれてるって思ってくれたのか、けっこう粋《いき》な面もあったしね。

あとになって考えると、やっぱりとても立派なお師匠さんだった。あれだけ厳しくされたからこそ、僕は行をやりきるだけの能力を蓄えることができたんだと思ってるよ。

仏さまとの約束と思えば破れない

――一度始めたことは必ずやり通せるようにするには、何を心がけたらいいのでしょうか。

酒井 毎日、同じ時間に、同じことを、同じペースでやる、そういう習慣をつけてしまうことじゃないの。

たとえば、台風が来ていたりすると、多くの人がサボる口実にしやすいよね。「今日は風が強いしなあ、ずぶ濡れになるとかなわないしなあ、今日一日だけ休んじゃおうかな」なんてことになる。そういう言い訳を考え出すと、一日だけじゃ済まなくなっちゃう。「雪が降っているから」「寒くて凍傷になりそうだから」「暑くて熱中症になりそうだから」……なんでも口実にできる。

僕は仏さまに仕える坊さんだから、自分が「やる！」と言ったら、それは仏さまとの約束だと思ってるんだ。だから絶対に破れないという気持ちがあるから続けられるんじゃないかな。

伝教大師、慈覚大師の旧跡をたどるということで、大分県国東半島の六郷満山峯入行をしたことがあってね。その少し前に、困ったことに腰を痛めちゃった。鎖場《くさりば》のあるけわしい岩山をよじ登っていかなきゃいけないようなところだから、弱ったなあ、って思ってたんだ。

正直なことを言うと、座っていても、立っていても、痛くてしょうがなかった。僕がそのことを言えば、一緒に歩くことになっていた地元の行者さんたちも「そうですか、じゃあ阿闍梨さん、またの機会にしましょう」って言って、延期してもらえたかもしれない。

でも約束したことだから、やり通した。地元の人たちのために延期したくないっていうのももちろんあったけれど、行は仏さまと向き合うことだから、やっぱり仏さまとの約束を破りたくなかったんだな。

覚悟とか決心とかを、自分の心の中の問題だっていうふうにしないで、絶対に破ることのできない相手と約束事をする、って考えたらいいんじゃないの。約束する相手が、僕の場合は仏さまだけど、尊敬する先生との約束とかでもいい。亡くなったお母さんへの約束とか、ご先祖さまに約束するというのもある。昔の子どもなんかはよく、「お天道《てんと》さまが見ているよ」と言われて育ったものだ。自分が絶対にかなわない大きな存在に約束したら、簡単には破るわけにいかないって、心が引き締まるよ。

閻魔さまの審判と人生の卒業論文

――死というのは私たち一般の人間にとって、怖いことという印象がありますが、死についても「苦」から「楽」に置き換えることができるものですか。

酒井　うん。死ぬことに対して何も目的をこしらえないから、怖いような気がするんだよ。「死んだら極楽に行く」と思っていれば、楽に死ねるんだ。悩むことはない。

ただ、自分は確実に極楽に行けるほど善い行ないをしてるとは言えない、地獄に堕ちないかどうかが不安で怖いってのはあるかもしれないわな。

その場合は、閻魔《えんま》さんのところで審判を受けるわけだ。そのときに、「人生いろいろありました。そう褒められることではないこともやっちゃいました。でも、私はこのことだけはしっかりやり遂げてきたんです、見てください」って言って、自分の「人生の卒業論文」を閻魔さんに見せるんだな。「どうでしょうか」って。

人生っていうのは、閻魔さんのところに持っていくその卒業論文を書くことだ、って考えたらいいんじゃないの。

そう考えると、人生の目的がはっきりする。どう生きたらいいのか、死ぬときまでに自分の人生をどういうものにしていきたいか、見えやすくなる。

閻魔さんはそれを見て選別するんだよ。

「仕事を真面目にやって、なかなかいいレポートを書いてきたじゃないか。じゃあ極楽街道に行かせましょう。はい、あんたはこっちに行きなさい」とか、「あんたは社会のルールに反したことをやってきたね。改心するまで地獄の血の池行きだ」とか、「なんだ、あんたは生前から『極楽に行きたい、行きたい』と言っていたけれども、たいした論文ひとつ持ってこないのかい。こりゃ二、三年地獄でも行くか」とか、審判を下すんだ（笑）。

――しっかり、いい論文が書いてあれば、評価してもらえるわけですね。そのために、毎日、毎日、こつこつ書いていく、と。

酒井　そうそう。目的がはっきりあると、一生懸命、生きようという気持ちになるわな。

極楽行きの条件

酒井　一生懸命、論文を書くでしょ。それは、無理して一生懸命やらなくたっていいんだよ。ふだん通り、自然のままに動いていればいい。すばらしい出来じゃなくたって、その人がしっかり生きた証拠が書いてあれば、「文章もあまりうまくないし、ちょっと簡単すぎるけど、やってきたことはわかるから、まあいいでしょう」って言ってもらえる（笑）。

格好つけて、いいもの、立派なものを書かなきゃいけないって気になっても、そんなのはできっこないわけだから、困って魔が差して、カンニングしちゃったりするんだよ。

――何かからコピー&ペーストしてしまったり、不正をしちゃうんですね。

酒井　論文といったって、むずかしく考える必要はない。素直にありのままを書けばいいの。みんな深く考えすぎなんだよ。

わしはなあ、あの世に行ったら、閻魔さんに釜焚きとして雇ってもらおうと思ってるんだ。護摩焚きをやって鍛えてるから、火にも強いからな（笑）。

釜を焚きながら閻魔さんのところへ来る人の顔を見てな、「閻魔さん、ちょっとすんません、私、娑婆《しゃば》にいるときにこの人にだいぶ世話になってるんですわ、悪いやつではないんでよろしく頼みますわ」って、そそっとささやくわけ。そうしたら、「そうか、ほなちょっと考えてやるか」ってなるかもしれないな（笑）。

鷹梁 先生は茶目っ気があるから、こんな冗談をよく言うんですよ。でも、なんだかそれは洒落《しゃれ》になりませんよ、いかにも本当にありそうな気がする（笑）。

――地獄行きになると、苦しいこと、つらいことが待ち受けているんですよね。

酒井 そうそう。だけど改心すれば、道をまた極楽のほうにつなげてくれるんだよ。

こんなふうに考えてると、死というものはそんなに怖がるものじゃないように思えてくるでしょ。

ひとりの時間、自分の視点を持つ

――最近の傾向として、人と同じことをしていると安心するようなところがあります。群れているとほっとするような人が多いですが、そういうところを先生はどうご覧になっていますか。

酒井　自分で考えなくなっちゃってるんじゃないかな。誰かが何か言うと、そこに便乗して、みんなわーっと飛びつくでしょ。

たとえば、オリンピック招致でずいぶん盛り上がっていたけど、いろんなことを言ってる人たちのうち、どれだけの人が、どこに出ても恥ずかしくないようなオリンピック招致の動きをしていたか。本当に日本にオリンピックを呼びたいんだ、って思って心から応援していた人は、実際は少なくて、ただ騒いでただけの人が圧倒的だったんじゃないの。

自分たちは行動を起こしたのかな、ってこと。何かを発言するってことは、行動でも示さなきゃ駄目。

鷹梁　そうですよ、個々の判断力が稚拙になっている感じがします。自分で判断できなくなっているのは危険ですよね。

酒井　天台宗には「教行一致」という考え方がある。「教え」を理解できても、それが実際に「行ない」に反映されなければ意味がない。「知識」と「知恵」を、両輪のようにして育てなきゃ駄目なんだ。

いまは情報が手に入りやすいよね。情報っていうのは、ひとつの知識になるだろうけど、そういうものばっかり詰め込んで、あたかも自分が考えたかのように話したりするのは、僕から言わせれば「賢《かしこ》バカ」だよ。

たとえば、一万冊本を読んでも、実践に活用するなんてのは千冊もないと思うんだよ。どこかにそのくらいのことは書いてあったかなあと思うけれど、「どこかにあった」くらいのものだよ。知識ってのはそういうもんだ。

それも必要だけどね、もっと必要なのは、自分の脚で歩いて、あっちこっち自分の目で見てさ、人と会って話をよく聞いてさ、自分で動いてみることなんじゃないの。いろいろ話をしてるときに、なんでもないことをちゃんと聞いておくと、そういえば、あの人がそんなことを言っていたな、それってこういうことなんだな、と気づく。そうすると知識も知恵に変わるの。

「知識はつけるもの、知恵は磨くもの」って言ってね、知恵は、知識や経験をもとに自分で実践して、自分の生き方の骨組みにしていくもの。人間は知恵を持たなきゃ、本物じゃない。

それには、ひとりで静かに考える時間を持って、自分自身の視点を養っていくことが必要だな。

行

七、いま、この瞬間を大切に

一期一会は不意打ちで来る

酒井　エジプトに行ったとき、忘れられないものを見たんだ。あのクフ王のピラミッドの中にも入ったし、スフィンクスも見た、カルナック神殿にも、王家の谷にも行った。どこもたいへん面白かったんだけど、僕がいちばん心に残っているのは、エジプトに着いたときに飛行場から見たお月さんだったねえ。

きれいどころじゃない、すごかった。僕は歌があまり好きじゃないからほとんど歌うことはないんだけど、あのときは「♪月の沙漠を～　はるばると～」という童謡が口をついて出てきた。月を見た途端に、そこへラクダが歩いてくるところが浮かんできたんだよ。月が輝く沙漠をラクダの群れが歩いていく感じが見えているんだ。飛行場でな。

あまりにも幻想的で印象深かったから、その後、エジプト内で数回飛行機に乗るたびに、また見えないかなってわくわくしてたんだけど、駄目だったね。あの一瞬だけだね。

僕ら行者は夜中の真っ暗闇の中を歩いているから、たぶん普通の人よりもたくさん月を見ていると言えると思うけど、その僕が感激するようなお月さんだった。

それから、よくいろんなところへ旅すると、夕方にお月さんが出ていないか見るくせがついたんだけど、あのときのような忘れられない月にはお目にかかれない。

だから、本当にそのとき目にとらえたものがいかに大切かがわかるんじゃないの。その瞬間、瞬間を大事にしないと、二度とそういうものには出会わないということだね。

よく、一生にたった一度の出会いだと思って大切にしようと言うけれど、準備万端整っているようなときに出会うんじゃなくて、機内のあの小さな窓から不意に目に飛び込んできたという具合に、予期せぬところで出会うことがある。過ぎ去った時間は、取り戻せない。だから、そのときの一瞬の出会いを大切にしなければいけないんじゃないかと思ったんだ。

あとから気づく普通の日常のありがたさ

酒井　病気になってみて、当たり前だと思っていた生活がいかにありがたいことかっていうことに、あらためて気がついた。

たとえば、寝て、起きる。目を開けたら、ああ電球があるとかなんとかわかっているから、いつもの光景が当たり前だと思っていて、それがどうということはないんだよね。起きて、「何しようかな」とか。

それを見て、生きてることに感謝なんてことは思わないんだね。感謝が大切だとわかってはいたけど、当たり前すぎてその気持ちを忘れていた。

たとえば、ものを食べることも、当たり前にご飯でも何でも食べちゃうわけでしょ。ところが、歯が悪くなって食べづらくなってくる。それでも、まだ徹底的に痛くないから、食べるのは当たり前のことで、「これは固いなあ」とか「穴ぼこにはまっちゃうなあ」とか、ぐだぐだ言って食べているんだよ。

それが、こんな病気が見つかって、手術して、何も食べられなくなってみると、「ああ、口からものを食べることを当たり前だと思っていたけど、食べられるってありがたいことだなあ」としみじみ思うようになる。それで初めて、自分が人生を不始末にしていたということがわかるんだ。

そうすると、歯を磨くことにしても、何かを食べることにしても、当たり前すぎて感謝してなかったな、やっぱり自分の不始末からこういうことになったんじゃないか、って思うんだよ。

レストランに行ってウィンドーにおいしそうなメニューが並んでいるでしょ。昔はこんなのも注文して普通に食べていたなあって、食べていたころのことを懐かしく思った。「しまった」と思ったよ（笑）。

何でも自由に箸《はし》がつけられることって、幸せなことだったんだな、ってわかる。それが本当の「生かされていることへの感謝を知る」ということだったんだ。こんなことになると好き嫌いなんかなくなってくるんだ。

「いま」の大切さ

酒井　いまこうして安心していても、死はどこにもある。何があるかわからない。だから今回の病気だってな、手術もして、治療もして、やることはやっているんだから、あとはなるようにしかならない。本人はけっこうケロッとしたもんなんだ。僕なんか何回も死に損なっている。死ぬということだけなら、もっと前に死んじゃっているしね。

鷹梁　酒井先生は常行三昧、十万枚大護摩供《おおごまく》など、一歩間違えば死に至るような過酷な行をこなされているので、僕ら常人とは死に対する受け止め方が絶対的に違うんです。

　だからこそ、病を患っている方々や悩みを抱える人たちが、酒井先生の力強いお言葉を授かりたくて、お不動さんの護摩の日には、飯室不動堂に集まってくるんだと思います。

酒井　まあ、生きていればいろいろ問題が起こるわな。でも、その問題も、よくよく考えて、ちょっと見方を変えてみると、「あれっ、なんでこんなことを、ぐずぐず悩んでいたのかなあ」となってくるんだよね。

　だから、生きている時間、この日数も地球の中の一コマと考えれば、命を落としたからといって、何もくよくよすることではないんじゃないの？　宇宙から考えれば、星と星とがよく爆発を繰り返しているというじゃない。そして新しい星ができるんでしょ。人間だってひとつの原子だからね。うまくするとまた人間になって甦《よみがえ》るかもしれないしな。

鷹梁　物事をネガティブに考えるよりはポジティブに……、発想の転換でつねに乗り切っていくしかないということでしょうね。

――「いま」を見てどうするのか、ですね。

酒井　だいたいね、過去のことを、昔はこうだったんだって考える必要はないいんだよ。過ぎ去ったことをあれこれ言ったって、もう時間は後戻りしないんだから。「いま」が大切、そして「これから」が大切なんじゃないの。

人の死は、ご縁みたいなもので、仏さまが「ここまで」と決めていたら、そこから先はないのかもしれない。

だったら肚を決めちゃって、でんと構えて、日々悔いのない人生を過ごせばいいのかもしれない。実際、こうやってお話ししているときだって、突然もしかしたら死に直面するかもしれないしね。そうやって、その日その日を大切に生きていることに、本当に感謝していくことのほうが大事なのとちがうかな。

大局的に見る

酒井　桜がせっかく咲き出したときに雨が降ったりすると、気の毒だなと思う。でも桜はそんなこと、考えてないんだ。桜は咲くことしか考えてないんだから。

桜が咲いたら、それを、今度、関係ない僕たちが、山をずうっと歩いていて、「桜が咲いたなあ」って考えて、「これが咲ききるまで、雨が降らないほうがいいんだけどなあ」なんて言う。

一週間ぐらい経ったら、満開になる。そこのところを自動車が通りすぎる。気の毒だよなあ、せっかく咲いたのに。歩いて通ったら、みごとに咲いたなと思って立ち止まるよ。歩かないから、通りすぎちゃうんだね。

その人たちが、家族や仲間たちと「夜桜見物に行きましょうか」って言って行くことになると、前の日の夕方から、いい席を確保しようとか、下手したら会社を休んで席取りしている。料理を用意するとか、いろいろ手間がかかる。桜を見にいこうとするだけでもって、半日かそこら棒に振らなきゃならない。夜桜を何人の人がゆっくりと見てくれているかなあってことだよね。

ところが、こっちは黙ってたって毎夜毎夜必ずそこを通過する。贅沢な花見をしていると思ったね。

他人から見ると、なんで山の中を苦しそうに歩いているんだろうと思うかもしれないけれど、僕からするとこんな楽しいことはないじゃないかと思える。みんながぐうぐう寝ている間に、一人で夜桜を満喫しているんだからね。

桜はみんなに見てもらうために、毎年一生懸命生き抜いて、花を咲かせる。

桜の季節だけじゃないよ。花は一生懸命、咲いて枯れる。夏が来る。それで冬が来て、また春近くになると、つぼみができてきて。毎年、それを繰り返しているんだから。花にしてみたら、「みんなが楽しんで見てくれればいいんだけどなあ」って。

「真夜中に起きて、山を歩きまわるのが何が楽しいんだ。何のためにやってるんだろう」って言う人もいるかもわからないけど、本人にしてみたら、来年もこんなふうになるかなあ、とそれもまた楽しみなんだよ。

どうして歩くのかといったら、仏さまは自分を向上させるために一生懸命、行をやらせてくれて、自然の大切さや、命の儚《はかな》さまでも勉強させてくれている。

せっかく楽しめるものがあるのに、自分たちで楽しみを潰《つぶ》しちゃってるんだ。

来年、この花は果たして咲いているかとか、今年、この花は果たして咲いているかとか、それとか、今年は思ったより不作かもわからないとか、もっとすばらしいかもわからない。

八、夢と現実の狭間で見たもの

手術後、病院での体験

――病院で少し不思議な体験をされたそうですね。そのときのことをお聞かせください。

酒井　病室に、人の顔がフワーッとあらわれて、ちょっと神秘的だったたっていう話？　うん、見たよ。

ただ、そのときはまだ手術が終わってからそんなに時間が経ってなくて、その感覚が何だったのかよくわからないんだよ。

手術後、麻酔が切れてくると痛いと言うじゃない。ところが全然痛みがなかったから、点滴の中に鎮痛剤とか、抗生物質とか、抗がん剤とか、そういったものが入れられていて、そのせいだったのかもしれない。

ベッドに横になっているでしょ。目を開けると、ときどきそういう人の影が映ってたな。まあ病院っていうのは人が死ぬ場所でもあるから、長いことやっていれば、いろいろな人が死んでるだろうからね。そういう人が会いに来たのかもしれないけど、そんな面白いことは何回もあったよ。それはとくに怖いことじゃないんだな。

何か見えるなって思って、集中して見ていると、わりと人が見えるんだ。亡くなった人がフーッと会いに来るっていうのは、この自坊でもあるよ。昔ここに住んでた住職なんかが埋まっているからね、挨拶しようと思って来るのかもしれない。そのうち、消えてなくなっちゃうんだけど、「ん？　なんだろう、いまのは」って思うことはときどきある。

——さらりとおっしゃるんですね（笑）。

酒井　そうだね、ちょっと長く生きてると、いろんなものを見た経験があるから、そのくらいじゃ驚きもせんよな。

ドームのような巨大トンネル、ここはどこ？

酒井　もっと面白かったのは、地下トンネルに行ったことかな。

増上寺のほうへ散歩に行ったら、何かすごく大規模な道路工事をしているんだ。それでふっと気がつくと、なんだか大きなドームみたいな地下道にいるんだよ。作業員みたいな人がいて、「そんな格好で来ちゃ駄目だ、作業着を着ないとケガするからこれを着ろ」って、作業着とヘルメットを僕に渡すんだよ。それを身につけようとしたら、作業着の下から黒い羽蟻《はあり》がいっぱい、ブワーッと飛んでいったんだ。それから僕は、誰かがトンネルを奥のほうに行くもんだから、ついていくんだ。どんどん奥に進むから「すごいところへ来ちゃったな、病室にちゃんと帰れるかな」なんて思ってたんだよ。

それが、夢だったんだね。はっと気づくと、病院のベッドで寝ているんだ。そこで「夢だったのか」と思うわけ。でも夢にしてはトンネルの中の雰囲気の記憶が生々しいんだな。

それで鷹梁さんが病室に来てくれたときに、「このへんで何か大きな工事してる？」って聞いたら、環状二号線の道路工事をしていると教えてくれたんだね。「それ、もしかしたら、大きいドームみたいな地下トンネルかね？」って言ったら、びっくりした顔で「なんで知ってるんですか」って言うから、夢で見た光景を話したんだよ。

鷹梁　最初その話をされたときは、何かと思いました。大がかりな道路工事をやっていることと、地下トンネルを建設中だということくらいは知ってましたけど、私自身はそのトンネルを知りませんから。ネットで調べてみたら、どうも汐《しお》留《どめ》―虎ノ門区間が地下トンネルの計画になっていて、それが酒井先生が夢の中で体験されたトンネルみたいなんですよ。
先生ご本人は、実際に道路をつくっていることはご存じないわけですね。でも、ご自分がそのトンネルの中に行って体験しているような夢を見ているんです。それと、ご自分が実際に増上寺あたりを散歩されていることとが重なり合っているので、なんだかとてもややこしい。現実と非現実の世界がリンクしているみたいなんですね。

酒井　一度だけじゃなくて、二、三日くらいそこに通ってたよ、夢の中で（笑）。何だったんだろうなあ、違った世界に入ってたんとちがうかなあ……。手術の痕は痛まない代わりに、そんな夢ばっかり見ていた。
なんだかよくわからないんだけど、昔から変な力というか、予知能力と言ったらおかしいんだけれども、そんなようなものがあることはあるんだなあ。

人とちょっと違う能力を暗示されていた

酒井　大阪にいた三十代のころ、おばさんが占いや祈禱《きとう》などが好きだったものだから、連れていかれてね、大阪の弁天町のほうの女性祈禱師から、「あら、この人、須弥壇《しゅみだん》を駆け上がろうとしているよ」って言われたことがあった。

生駒山《いこまやま》の山奥のところでは、占い師のおばあさんに、「あんたは、こんなところへ来る人じゃない」「そのうちわかりますわ」とか言われて、へんてこなこと言うなあって思ったこともあった。

よくわからんけど、まあ、ちょっと普通の人とは違うところがあったんじゃないの、昔から。

ただ、こういう話をすると、霊能者だとかなんとか言われちゃうから参るんだ。

みんなが自動車や新幹線でピューッと走る時代を生きているのに、山の中を草鞋履いて歩く世界を自分で選んで生きてるんだから、やっぱりちょっと変わってるのは確かだな。
頭の中も、ほかの人たちみたいに知識でぎっしり詰まっていなくて空っぽなもんだから、いまの世間の人には見えないようなものを見やすいってことなのかと思うけどな。

千日回峰行のときの不可思議な体験

――行をされて歩いているときに、不思議なご経験はおありですか。

酒井　比叡山の回峰行で歩いていても、幻覚とか幻想と言われそうなことはいろいろあったな。
回峰行は夜中に道を歩いているから、真っ暗闇なんだけど、ふっと何かとすれ違った気配を感じるときがあった。振り返って見ても誰もいなくて、シーンとしている。

ふだん人の全然行かない谷の下のほうでもって、大勢の人がガチャガチャと音を立てて炊事をしているような音が聞こえたこともあった。人が住めるところじゃないんだよ。「何かな、キャンプでもしてるのかな」って思ったんだけど、わざわざ下りていって確かめることもないかと思って、そのまますっと通りすぎちゃった。

次の日に、その近くの日吉《ひよし》神社の宮司をやっている友だちに聞いてみたけど、「昨日はそんなところに人は入っていない」という。「あれは何だったんだろうな」と思ったことがあったね。

暗い中を毎日歩いていたから、どこか動物的感覚があって、気配を感じるアンテナが残されているのかもしれないね。

オカルトみたいなのは好きじゃないけどなあ（笑）。

阿弥陀さまの光に包まれて感得

―― しかし、ありがたい光をご覧になることもあるわけですね。常行三昧のときに阿弥陀さまを「感得」されたような……。

酒井 そうそう。常行三昧の行でな。神々しいまばゆい光を見た。

常行三昧っていうのは、五間四方の阿弥陀さまのまわりを、念仏を唱えながら歩き続ける行でね、その間、座ってもいけない、横になってもいけない。縄が下ろされた「縄床」っていうのがあって、そこで縄にぶら下がって二時間くらい仮眠を取ることだけ許されてるの。あの行のおかげで、立って休む技術と、歩きながら眠る技術を習得したんだよ（笑）。

鷹梁 あと、先生のお加持《かじ》は霊験あらたかで、皆さんがものすごく受けたがりますね。仏さまのはたらきが行者を通して仏さまと人とが感得しますから、どこに行っても先生のお加持を受けたくて待っておられる方が大勢いますね。

酒井　わしの最初のお師匠さんである小林先生が見舞いに来てくれてな、「あんたは、いままでみんなのお加持をして、それで身代わりにこんな病気ももらってきてしまったんだろう」と言われたんだ。それだったら、どこかの誰かが助かったわけじゃない。わしも少しは世間に役に立つことをしてるってことだな。

九、愛別離苦

情を捨てちゃえ！

――身内の人が病にかかったときに、治る可能性が低いのであれば、きっぱりしたほうがお互いにいいとおっしゃいました。けれども、私たちはそれがなかなかできません。その亡くなってほしくないと思う感情について、どのように思われますか。

酒井 それは「情」があるからだよ。情を捨てちゃえばいいんだ。

――「情」を捨てちゃうんですか？

酒井 情というのは、自分のこだわりなの。「もっと一緒にいてやりたい」とか、

「このまま死んでしまったらかわいそうだ」とか、よく考えると、相手の立場で思っていることではないでしょ。自分の気持ち、自分の感情の動きですよ。自分勝手なわがまま、「我欲《がよく》」だということに気づいたほうがいいんだよ、ほんとは。

―― 自分の感情、わがままなんですね。たしかに、「もうちょっと生きていてほしい」と思って延命措置をするのは、相手のことを真に考えているのではなくて、自分自身の感情にこだわりすぎているからですね。

酒井 そう、自分勝手なだけだな。

―― こだわりを捨てるためには、どのように考えたらいいでしょうか。

酒井 見えているものをそのままにしておけばいいんじゃないの。

痛そうだったら、「痛いんだなあ、そっとしておいてあげよう」って考えるのが相手へのいたわりというものでしょ。そのうちに痛みも止まるよ。ただ、それだけのことだよ。それだけのことだけど、体力勝負だからね。補助してあげられるようだったらしてあげればいい。だから、相手がしてほしいことをすればいいんであって、それ以上にオーバーにする必要はないと思うんだよね。

病気やケガをしている人に向かって、ひっきりなしに「大丈夫？」「大丈夫？」って言う人、いるでしょう。あれは相手の立場になって考えてないわな。本当に苦しいときや痛みの激しいときには、そんなのにいちいち答えるのも億劫《おっくう》なものだと思うよ。「いいから、黙って静かにしてくれ」って言いたいところじゃないの。あんなのも、心配しているつもりかもしれないけれども、実際は自分の感情にこだわっているんだよ。「大丈夫だって答えて、私を安心させてほしい」っていう思いなんだよ、自分では気づいていないかもしれないけど。

―― 私たちは「情がある」ことを、いいことのようにとらえすぎているのかもしれません。

酒井 そうだな。いまは世の中が全体にそうなっているよ。

目に見えているものを素直に感じて、やっていくというのは、本能というか、直感になってくるよね。たとえば、もう意識がないのに、延命措置で管だらけになってしまっているとしたら、そういうことが自然なことなのかどうか、それを直感的に、本能的にいま一度、考えてみるということなんじゃないの。

自分自身の感情に執着しないようにすることだな。そんなことを言っても、個人差があるから、うまいことといかないんだがね。大事なことは、精神的な部分は、自然のまんまに任せるのがいちばんいい、ということだろうな。

別れは必ず訪れる

——家族を亡くした悲しみも、やはりこだわりということになるのでしょうか。どのようにしたら、悲しみから抜け出せるんでしょうか。

酒井 別れはあるのが当然なんだから、特別なことだと思わないことだよ。

形あるものは必ず壊れるでしょ。このコップだって、いつか割れちゃう。この建物だってあと百年もつかどうか、それはわからない。いつかは壊れる。

別れも同じで、出会えば別れがあるのは自然なことだな。そのときがいつ来るか、早いか、遅いかの話でしょ。すべてそういうものだと考えて、あまり気にしないことだよ。それを「無常」って言うじゃないの。

悲しいと思う感情は誰にでもある。まあ個人差があるから、なんとも言えないけどな。そこにとらわれ続けるか、それを受け入れていくか、の違いがあるんじゃないかな。亡くなった人を回向《えこう》するっていうのは、その情を抑え、祈りに換えてその人を「想う」ことだ。悲しいという自分の情のままにしておくんじゃなくて、その人の冥福を祈ることで、心にすまわせるっていうことだね。

自然の流れなのに、それに逆らうのはこだわり。こだわりを持ちすぎると、かえって本当に大切なことがわからなくなっちゃうんだよ。

大事なのは弔い行事をすることじゃない

酒井　わしは、父親の死に目にも会ってないし、母親のときも、弟のときも会ってない。

出家して、行者になったということは、親兄弟が死んだって簡単に山から下りるわけにはいかないってことだからね。そういう覚悟で出家してるから、ある程度しょうがないことだとは思っていた。

そのうえ、自分が一緒に住んでいたうちのおじいさん、老師の最期にも会ってないんだな。

薄情すぎると思われるかもしれないけど、最期のときに会うとか、会わないとかってことに、あまり関心がないんだよ。命日が何日で、死んで何年経ったということも、たいして意味がないと思ってる。その相手のことを思って毎日回向することを続けることが本当は大事なんでしょうよ。

嫁さんが死んじゃってから五十年以上経っているんだけど、死んだ日をもう覚えていないんだよ。何年経ったのかも忘れている。

三年ぐらい前、田舎に用事があって帰ったんだ。そしたら、そこにいた坊さんが、「あんたの嫁さんが亡くなってからもう五十年になる。ちゃんと拝んでおきましたから」って言うから、「何を言ってんだ、この坊さんは。坊さんは拝むのが専門なんだから、いちいち自慢することではないわ」って言ってやりたかったが、心で思うだけにしといた（笑）。

こっちは、毎日、三昧堂の阿弥陀さまの前で拝んでいる。「何月何日が命日だから拝みます」とか、「没後何年の年忌法要で拝みます」とかいうんじゃなくて、毎日拝んでいる。だから命日なんか覚えちゃいないんだ。一年三百六十五日、毎日が命日のつもりでいるから、関係ないんだよ。

わしは箱崎老師の死に目にも会えなかったけど、毎日拝んでいるし、死んだ翌年から、命日には毎年欠かさず三昧堂で回向している。

ほかの人たちは「ああ、箱崎さんももう十七回忌ですか」とか「もう二十五年になりましたたか」とか言うんだけど、わしは毎年やっているから、もう何年になるのかよくわからない。それでいいんだ、って自信を持っているんだよ。

そんな形式的なことはどうでもいいんだ。行事として、供養とか法要をすることが大切なんじゃない。さっきも言ったけど本当に大事なのは、その相手のことを忘れずに、ずっとずっと供養を続ける気持ち、そういう心のあり方が大切なんじゃないの。

特別なことにしないで、毎日手を合わせればいい

酒井　気持ちがあれば、儀式なんかしなくてもいいんだよ。だけど、いまはみんな、死者に対する気持ちのこめ方を知らなくなっちゃったでしょ。坊さん呼んで儀式をすることでしか、弔《とむら》う気持ちのあらわし方がわからなくなっちゃったんだ

よね。

だから、何回忌の法事だっていって親戚で集まって、その人のことを思い出す時間を持つのも、まあ何もやらないよりはましだわな。

だけど本当は、いつも心の中で手を合わせていたら、それでいい。そっちのほうが本式なんじゃないのかなあ。

朝、線香をつけて、「今日一日、無事に仕事ができますように」と手を合わせる。夕方、帰ってきたら、「今日も無事に帰ってきました」って線香を立てて、ご先祖さまに報告する。

「南無妙法蓮華経」とか「南無阿弥陀仏」とかの念仏を唱えたり、般若心経《はんにゃしんぎょう》を唱えたりできる人はすればいい。できなくても、自分の言葉でいい。

いずれにしても、今日一日に感謝して、ご先祖さまにご挨拶のつもりでお線香を焚けば、それでいいんじゃないの。

毎日やっていれば、何月何日に法事やらなきゃ、と特別に考えなくていいと思うよ。中には、意見の食いちがう親戚がいろいろ言うかもしれないけど、そんなのも勝手なこだわりだよ。

鷹梁　私も宗教に造詣《ぞうけい》は深くありませんが、子どものころ、よく母親に連れられて巣鴨のとげぬき地蔵に行ったり、親戚の叔父さんの墓参りに行っていましたけど、父親を亡くしてから、より身近に仏さまの存在を意識するようになりました。自然と、毎日出かける前に位牌《いはい》に手を合わせて、「今日も一日、無事に暮らせますように」と、自分なりに拝むようになったんです。

それをやるようになったら、「ああ、毎日父親のことを思い出してるな」と気づいた。たぶん手を合わせて父親に言葉をかけることで、その存在が自分の心の中にいつもいるようになったんだと思うんですよ。

酒井　毎日、手を合わせて、「今日も一日、元気で行ってきます」「今日も一日、護《まも》っていただき、ありがとうございました」っていうご挨拶する気持ちがあれば、それで十分なんだ。

それが、生かされていることへの感謝の気持ちなんだよ。念仏を知らなくても、
お経が読めなくても、誰でもできるんだ。

十、この世に命を授かりもうして

命の長さよりもどう生きたかが大事

――長生きするのはいいことだとお考えですか。

酒井　それは、その人、その人が決めることだな。長く生きたいと願ってる人にとっては、長生きできたらうれしいことだよ。

だけど、そんなにいつまでも長生きはしたくない、自分はほどほどのところで寿命が来るほうがいいなあ、なんて思ってる人は、やっぱりそこそこで死ねたほうが気が楽でいいかと思うんだ。考え方によって違ってくるんじゃないの。

以前は、長生きできることは幸せなことだ、この世に授けていただいた命なんだから、大事にして、少しでも長く生きたほうがいい、そう考えていたね。

でも、病気を得て、自分の体調というのが自分自身で思うように調整できなくなってみると、「長く生きられたらそれだけで幸せですよ」なんて簡単に言いきれないんじゃないかなあ、って思うようになってきた。

決して命を粗末にしていいってことではないけれども、大事なのは、命の長さよりも、その人生をどう生きたかの中身だからな。

長生きっていったって、人間何年、生きられる？　昔に比べりゃずいぶん寿命が延びたけれど、それだって百年。地球四十六億年の歴史で見りゃ、百年なんていうのはあっという間だよ。あんまり長さにこだわらなくていいんじゃないのかね。

寿命が来て、お迎えが来たら、「はい、では今生はさようなら。ご縁があったらまたどこかで会いましょう」ってなもんじゃないのかなあ。

まあ、長く生きることが幸せだと思う人は、健康食品を一生懸命食べようが、効くと思う薬を飲み続けようが、どんな健康法を信じようがいいんじゃない。それが自分の幸せにつながると思えるならば、やればいいよね。

そうじゃない決心をする人がいてもいい。その人その人の気持ちの問題、気持ちの持ち方ひとつだよ。

命は預かりもの

――自殺についてはどう思われていますか。

酒井　自殺はよくないよ。どんな事情があるにしろ、自ら命まで捨てることはない。

会社が駄目になって追い込まれてしまっても、何か道があるかもしれないじゃない。その「何か」をとことん、とことんやってみもしないで、死を選んじゃ駄目だね。

一度や二度失敗したからってくよくよすることはない。なるようにしかならないんだから。どんなに成功した人だって、お金も、地位や名誉も、あの世に持っていくことはできないしな。死ぬときはみんな身ひとつ、そう思えばたいした違いはないよ。

命は自分のものだって思っているかもしれないけども、自分が創《つく》りだしたものではないわな。命は預かりものなんだよ。仏さまからの預かりもの。いまは、この世に人間という形を与えられて遣わされているだけじゃない。だから、お預かりしている間は粗末にせずに丁寧に扱って、いい状態でお返しするべきものだと思うよ。

そのお預かりしている命を自分で捨ててしまうってことは、人生の論文も完成しないまま、卒業までたどりつかずに途中で書くのを放棄しちゃうようなものだよね。それじゃあ学校でいえば落第じゃないの。

自殺するってのは、「私、どうもこの命が気に入りませんから、まだ途中ですけどお返しします」ってことだ。仏さまにしてみたら、修行のために人間世界に遣わしてやったのに、何をわがまま勝手に言ってるんだ、そんなに人間が気に入らないなら、虫けらにでもなるか、って、こんどは人間に嫌われるゴキブリか何かにされちゃうかもしれないよ。

命のろうそくの火が燃え尽きるまで、一日一日を精いっぱい生きることが、この世に生を享《う》けた者としての責任だしな。生きているすべての人に言えることだよ。この世に生まれた瞬間から、この大きな責任をみんな仏さまからいただいているんだからね。

「この世に何しに来たの？」

酒井 人間として命を授かったということは、やっぱり世の中で果たすべき役割があるっていうことだ。その役目とはなんだろう、「私はこの世に何しに来たの？」って、自分の心に問いかけてみることが大切なんじゃないかな。

人にはみんなそれぞれ、引き受けるべき持ち場がある。

たとえば、本をつくる仕事をしているね。この本だったら、生きることだとか、死ぬことだとか、命のことだとかに興味のある人に伝えるためにつくるわけでしょ。読んだ人がそれによって生きていくのがつらくなくなったとか、ちょっと励まされたというふうになってほしいからつくる。それは世の中のためにしていることだ。

どんな仕事をしている人も、何かしら社会の役に立っているんだよね。

社会的に皆さんに迷惑かけないように、何か役に立つようなことをしている。

そのことをもっと意識したほうがいいんじゃないかと思うね。案外みんな自分でそれに気づいていないみたいだよ。

「いま」をきれいに、誠実に生きる

——閻魔さまのところへ持っていく人生の卒業論文も、自分がどんなことで役に立てたかを書いてあるといいのでしょうね。極楽行きの切符を手にするポイントになるのは、どんな要素でしょうか。

酒井　誠実だろうな。ありのままをありのままに示すのがいいんじゃないかな。駄目な人生でも駄目なりにね。誠実さを失うと、落語のオチみたいに、死神に取りつかれちゃう（笑）。善い行ないをして生きるということだろうね。

「いま」をきれいにしておけば、極楽に行けるんだよ。

いま、自分がやっていることを、ただ漫然とやるんじゃなくて、「こういうことをやった」と胸を張って書けるような生き方をしていくこと。

その胸を張れるかどうかの判断基準というのは、自分の気分じゃなくて、きちんと人の役に立っているかどうか、という目で見ることが大事だということだね。

山中鹿之助は「われに七難八苦を与え給え」って言ったけど、戦争中に特攻隊で散っていった人たちっていうのも、「苦しいことは全部、引き受けましょう。私がやりますよ」っていうような心意気を持っていたと思う。

僕がいた鹿屋の特攻基地だって、この飛行機に乗ってったら死ぬってわかっていて飛び立つんだからね、いまから考えたらそんなバカなことをなぜ前途のある若者がしなきゃならなかったんだって話だけど、それでも「これが自分の生きるべき道だ」と、前に進んでいく人がいた。それは、自分のために生きていたんじゃなくて、国を救うことを考え、自分の役割を考えていたわけだ。

だけど、いまはそういう時代じゃないからね。

苦しいことを我慢して乗り越えるみたいな気持ちでやるより、気負わずに自分の役割に対して、誠実に、真面目に取り組んでいくってことじゃないかな。そのなかに楽しんでいけることを探して、できるだけ朗らかにやれたらいいね。

「むりせず　いそがず　はみださず

りきまず　ひがまず　いばらない」
こんな感じじゃないの。

自信が生きる力を支える

――先生もそうだと思いますが、ガンにかかって、「あと何年ですよ」とか「あと何か月ですよ」と余命宣告をされた期間よりも長く、元気に生きている方もたくさんいますね。精神的な面での生命力といったものは、どういうところから湧いてくるものなのでしょうか。

酒井　生きることに自信を持つことだろうな。病気に立ち向かうにしても、死の不安に向き合うにしても、自信がないとちょっとしたことで潰れてしまうけど、自信があれば、「ああ、そうですか」というように、軽く言える。

いろんなことに興味があって、好奇心が旺盛で、なんにでも食らいついていくような人、そういうことを大切にしている人は、生きる力も旺盛なんだと思うよ。

――そのためには、やる前にあきらめてしまうのではなくて、実践して、日々、積み重ねていないと自信はつかないですよね。

酒井 そうそう。そして人の意見をよく聞いてな。

鷹梁 あまり長時間になって先生がお疲れになるといけないので、そろそろ……。

――そうですね、わかりました。

生きていることを楽しみなさい！

――最後に、この本の読者にいま先生がおっしゃりたいこと、メッセージがありましたらお願いします。

酒井 なんでも楽しみに引き受けることだな。ただ、それだけのことですよ。せっかく授かった命なんだから。ただ一生懸命生きることを考えたら、なんとかなるんじゃないかな。

だから、歩くことと同じだなあ。一生懸命、前向きに歩いていけば、それが生きる力ですよ、ということですよ。賢治さんの話じゃないけど、「雨ニモマケズ、風ニモマケズ」だよ（笑）。

――「アラユルコトヲ　ジブンヲカンジョウニ入レズニ　ヨクミキキシワカリ」、あらゆることを自分を勘定に入れずに、よく見聞きしてわかる人に、宮沢賢治はなりたかったんですよね。先生と共通していますね。

酒井　わしは、苦しみを楽しみに換えようという考えをずっと続けてきたおかげで、面白くて楽しい人生が送れてきたと思うよ。いろんなところにも行ったし、いろんな人にも会ったたし。

「からだ疲れませんか」なんて気遣ってくれたけど、疲れるとか、疲れないとか関係ないんだ。いま、このときを外しちゃったら、どうなるかわからないんだから。

――いま、こうしてインタビューを受けているこの瞬間も、楽しんでいただいているんでしょうか。

酒井　そうだよ。いまを楽しんでる。ガンなんていうのはね、一人で考え込んでると苦しくなるんだ。こうしてしゃべってたほうがいいんだよ。いま、こうして話ができることを楽しめなかったら、楽しいことなんてありゃしないよ。

わし、この本ができるころにはもう生きておらんのやないかなあ？　正直、そう思うところもあるよ。もう余命告知の期限はとうに過ぎてるんやから。

でも、あと一年か二年、ひょっとするとそれ以上生きてることだってあるかもしれんわな、そういう明るい期待も持っとる。「念ずれば通ず」って言うじゃない。念ずるのはプロやからな（笑）。

――お話をされているうちに、どんどん血色がよくなられて、お元気になられていくようで、びっくりしています。

酒井　ほんとはね、今日は元気でいちゃ駄目なんだよ。くたびれきって、よろよろしているくらいのほうがいいらしい。これから介護のことで役所の人が来るんだって。「阿闍梨さん、あまり元気そうにされていると困ります」って山の事務方に言われてるの（笑）。

だけど、元気なのに元気でないふりして介護保険かなんかの世話になるのは好かん。坊さんがそんなことしちゃいかんわな。

閻魔さんのところに論文持っていく日が近づいてるからな、わしはこのありのままの姿を貫いて、一日一日を楽しく笑って過ごしていくよ。

ほな、また会いましょう。

命

インタビュー　阿部久美子
　　　　　　　青木耕太郎（幻冬舎ルネッサンス）

聞き書き構成　阿部久美子
テープ起こし　大和田渉
ＤＴＰ　荒木香樹
校正・校閲　あかえんぴつ

タイトル・構成協力　鷹梁恵一
協力　メディアライン・ディ
取材場所　比叡山飯室谷長寿院
写真提供　井之上三郎（Ｐ15・105）
　　　　　柏木慶子（Ｐ61・69）